KB205900

Summary of the John
요한복음 핵심강해

이 요 나 지음

홀리북스

Summary of the John
요한복음 핵심강해

저자 이 요 나
출판 홀리북스

등록 제2014-000225
초판 발행 2023. 4. 15.
주소 06102 서울시 강남구 언주로 608 303
전화 02-546-3211
팩스 02-798-5412

가격 10.000원

(후원계좌 우체국 012526-01-004539 갈보리채플)

- 목 차 -

- 목 차 -

요한복음 데자뷰

요한복음을 읽노라면 보이는 것과 보이지 않는 것들이 마치 신기루 같이 하나로 모아졌다가 흩어지고 흩어진 것이 다시 하나의 모습으로 다가오는 전율을 느낀다. 마치 천상의 비밀을 펼쳐놓은 퍼즐을 보는 듯한 신비로움이다.

사도 요한은 태초의 말씀되신 예수 그리스도의 실체를 증거 함에 있어 한계 속의 인간의 언어로 표현할 수 없어 그 핵하신 일들을 모아 각각 장별마다 먼저 삽화를 넣은 다음 세부 내용들을 하나씩 개진하여 그 비밀한 것들을 펼쳐 놓았다.

요한복음 1장에는 먼저 어둠을 밝히며 홀연히 나타난 빛 되신 예수 그리스도의 거룩한 모습이 그려져 있고, 2장에는 물을 포도주로 변화시킨 혼인잔치의 삽화 뒤에 거룩한 하나님의 성전 안에서 장사하는 더러운 종교 행위들이 그려져 있다.

3장에는 예수 그리스도의 말씀을 듣고도 그리스도의 실체를 발견하지 못하는 유대인 지도자 니고데모의 어리석은 얼굴이 크게 그려져 있고, 4장에는 삶에 찌들어 갈급한 사마리아 여인에게 생수를 주기 위해 먼 길을 찾아나선 예수님과 추수꾼들의 미래상이 그려져 있다.

또한 5장에는 38년 된 병자의 일어선 사이로 생명의 부활과 심판의 문이 열리고 있으며, 우리는 6장에서 오병이어 속에 감추어진 영생의 양식의 실체를 보게 되며, 7장에서는 목마른 자들의 배에서 생수의 강이 흘러 넘치게 하실 성령을 보게 된다.

그러나 8장부터는 더이상 삽화를 보지 못한다. 8장에서 우리는 죄인을 빛으로 인도하시는 사랑과 은혜의 예수님을 만나고, 9장에서는 보지 못하는 자들을 보게하고 보는 자들로 소경이 되게 하시는 예수님 그리고 10장에서는 자기 음성을 아는 양들을 위해 목숨을 거신 선한 목자 예수를 만나게 된다.

11장에서는 죽은 나사로를 살리신 부활과 생명의 주 예수 그리스도를 만나고, 12장에서는 마리아로부터 향유를 받으시고 나귀를 타고 예루살렘 도성에 입성하시는 이스라엘의 왕 예수를 만난다.

13장에서는 친히 제자들의 발을 씻기시는 예수님을, 14장에서는 아버지께 돌아가신 후에도 자기 사람들을 끝까지 돌보실 보혜사 성령을 소개하시는 예수님을, 15장에서 우리는 열매맺는 제자를 위해 참 포도나무의 비밀을 가르치신 예수님을, 그리고 16장에서 진리를 통하여 기쁨과 평안의 길을 안내하시는 예수 그리스도를 만나게 된다.

요한복음 마지막 부분에서 주님은 겟세마네 동산에 올라 오직 진리의 말씀으로 제자들을 거룩하게 보전하여 주시기를 피땀흘려 간구하시는 예수님을 만나고, 십자가 죽음 앞에 가시관을 쓰신 예수께서 육신의 어머니를 사랑하는 제자 요한에게 부탁하신 후, 신 포도주를 받으시고 "다 이루었다" 선언하시고 영혼을 거두셨다.

그 뿐이 아니다. 21장에서 우리는 부활하신 예수님으로부터 실의에 빠진 제자들에게 목양의 비법을 공부하게 된다. 만약 오늘 당신이 요한복음을 통해서 예수님의 실체를 만날 수 있다면 당신은 복받은 사람이다. 주의 날 당신은 예수 그리스도와 파안대소의 기쁨을 나눌 것이기 때문이다.

예수 그리스도의 종   이요나 목사

태초에 계신 말씀

(요한복음 1:1) 태초에 말씀이 계시니라 이 말씀이 하나님과 함께 계셨으니 이 말씀은 곧 하나님이시니라

여기서 "태초에"라는 말은 창세기 1징 1절의 "태초에 하나님이 천지를 창조하시니라"를 전제로 한 것이다. 창세기 서두의 "태초에"의 히브리어 "베레쉬트"는 무에서 유를 창조하시는 시간적 의미가 있다. 그러나 사도 요한은 "태초에" 헬라어 '아르케' 앞에 생존을 뜻하는 '에이미'의 미완료 동사 '엔'을 세번이나 거듭 사용하여 "말씀"은 시간을 초월한 '무한히 생존하심'의 존재이심을 부각시켰다.

예수께서도 유대인들에게 자신의 존재에 대하여 "아브라함이 나기 전부터 내가 있느니라"(요 8:58) 말씀하실 때에도 미완료 동사 '에이미'를 사용하시어 예수 그리스도의 '무한 생존하심'을 증거하셨다. 그러나 사도 요한이 예수 그리스도의 생육신의 기원을 소개할 때는 "말씀이 육신이 되어"(14)라는 존재의 시작점 동사를 사용하여 두 동사를 엄밀히 구분하였다.

오늘 우리가 살펴 보고자 하는 내용은 '하나님의 말씀'(로고스)에 관한 사도 요한의 증거이다. 당시 헬라인들은 사도 요한이 '로고스'는 곧 '하나님의 말씀'이라고 증거하기 전부터 '로고스'에 대한 개념을 갖고 있었다. 히브리인들은 '하나님의 말씀'(로고스)은 만물의 근원되신 하나님의 인격이라고 생각한 반면, 헬라인들은 만물을 통치하는 신적 정신이라고 생각하였다.

이러한 시대적 상황속에서 사도 요한은 '하나님의 말씀' 곧 '로고스'를 소개함에 있어, '로고스'의 헬라어적 개념을 '말씀'에 접목시킨 것이 아니라 성경은 처음부터 '하나님의 말씀'이 '로고스'이시며, 그가 곧 성육신하신 예수 그리스도이심에 촛점을 두었다(시 36:6 참조).

주전 560년, 에베소의 철학자 '헤라클레터스'(Heracletus)는 온 우주는 계속적으로 변화되기 때문에 아무 것도 똑같은 상태로 머무르거나 정지된 상태로 있지 않다고 주장했다.

그는 그 상황을 묘사하여, 만일 흐르는 시냇물에 발을 넣었다가 빼낸 후 또다시 발을 넣을 때, 물이 아래로 흐르기 때문에 똑같은 시냇물에 발을 넣는 것은 아니라고 말하였다. 이와 같이 그는 모든 것은 움직이며, 변화되고 있으며, 아무것도 정지되어 있거나 똑같지 않다고 주장했다.

또한 그는 누가 모든 것이 계속적으로 변화 상태에 있다면 똑같은 것은 하나도 없는데 어떻게 천하 만물이 혼돈되지 않을 수 있느냐고 물으면, 그는 만물을 지탱하는 힘, 바로 '로고스'가 있기 때문이라고 주장했다.

그는 사물에 계속적인 변화가 일어나지만, 만물의 질서가 있으며,

그 질서를 유지하는 것이 바로 '로고스'이며, '로고스'는 만물의 질서를 확립한다고 정의했다. 그러므로 인간의 삶에서도 우연히 생기는 일은 하나도 없으며, 우리 삶에 벌어지는 모든 일은 계획과 목적이 있고, 그 계획을 설정하고 목적을 조정하는 힘이 바로 '로고스'라고 하였다.

또한 그는 각 사람은 옳고 그른 것을 분별하는 선천적인 분별력을 가지고 있어 누가 잘못했을 때 그것이 잘못되었음을 알고, 누가 옳은 일을 했을 때 그것이 옳고 그른 것을 깨닫는 힘이 사람에게 있는데, 그것을 알게 하는 능력이 바로 '로고스'라고 주장했다. 이러한 가르침으로 헬라인들에게 '로고스'에 대한 개념은 신비절칙으로 깊이 뿌리를 박고 있었다.

그 이후에 스토아 철학파가 등장했는데, 그들은 더 나아가 우주의 질서를 정의했다. 그들은 개개의 유성들이 궤도를 따라 돌고 있음과 별들이 서로 충돌하지 않음을 발견했다. 그들은 우주의 각 천체나 모든 만물의 질서의 배후에 우주와 만물의 질서를 잡는 어떤 힘이 있으며, 그것이 곧 '로고스'이고, 그 물체의 '생각'이라고 정의했다.

가령 피아노의 존재의 시점을 말할 때 그 피아노의 배후에는 피아노의 '생각'이 있다는 말이다. 이와 같이 그들의 주장을 정리하면 곧 "태초에 로고스(생각)가 있었다"이다.

그러므로 그 시대를 지배하던 헬라철학 사상과 개념을 잘 알고 있던 사도 요한은 어떤 각 물체를 주관하는 '생각'이 있으려면 그 배후에는 '생각하는 존재'가 있어야 하므로 그들이 추상적으로 주장하는 '로고스'(생각)가 곧 '하나님 말씀'이고 그 말씀이 곧 모든 천지만물을 창조하고 주관하시는 하나님과 함께 계셨고 그가 곧 '말씀이 육신이 되어 오신 예수 그리스도'라고 증거하였다.

사도 요한이 '로고스'는 '하나님의 말씀'이심을 증거한 이후, 이 진리를 뒤집을 만한 그 어떤 철학자도 등장하지 못하였고, 그후 헬라 철학자들은 서로 상반된 진리 전쟁으로 마녀사냥을 하다가 결국 '진리는 없다' 정의하고 스스로 자멸해 버렸다. 그러므로 예수께서 빌라도 총독에게 진리를 증거하셨을 때, 빌라도가 "진리가 무엇이냐?" 회피한 것이다(요18:37,38. 참조).

[기도] 사랑하는 하나님, 하늘과 땅에 누가 있어 하나님의 지혜와 지식을 능가하겠습니까? 주의 말씀으로 천지 만물을 지으시고, 민족과 나라와 말과 지식이 시작되었사오니 예수 그리스도의 은혜와 진리로 충만케 하옵소서. 예수님 이름으로 기도드립니다. 아멘.

[핵심연구]
1. 사도 요한이 복음서를 쓴 목적은 무엇인가?
2. 헬라 철학자들은 로고스를 무엇이라고 증거했는가?
3. 사도 요한은 로고스를 무엇이라고 설명하였는가?
4. 요한복음 1장이 증거하는 예수 그리스도의 실체를 음미하라.

삼위일체 하나님

(요한복음 1:2) 그가 태초에 하나님과 함께 계셨고

성경에서 '하나님'은 창세기 1장 1절의 "태초에 하나님이 천지를 창조하시니라"에서 처음 사용되었다. 성경에 표기된 '하나님' 곧 히브리어 '엘로힘'(Elohim)은 단수이며 복수형으로 '엘'(El)은 단수 하나님을 뜻하며, '엘라'는 두 분 이상의 하나님, 여기에 히브리어 어미 'im'을 더한 '엘로힘'(Elohim)은 복수형 단수 명사로서 삼위일체이신 하나님의 직함이다.

당시 유대 랍비들은 하나님의 이름이 복수형으로 기록된 것에 대하여 그것은 강조형으로 쓰인 것이라고 애써 설명하였다. 그러나 어떤 단어가 복수로 되어있을 때 강조형으로 쓰인 경우도 있지만, 구약에서 이방인들이 '이 땅의 신들'을 칭할 때도 '엘로힘'이라고 기록한 것을 종종 볼 수 있듯이 '태초부터 계신 하나님' 곧 '엘로힘'(Elohim)은 강조형이 아닌 복수형이다.

따라서 창세기 1장 1절에서 '태초부터 계신 하나님'을 복수형 곧 '엘로힘'으로 칭한 것은 태초에 하나님의 본체가 삼위일체이심을 증거한다. 다시 말하여 하나님은 근본적으로 한 분이시나 세 인격

곧 아버지, 아들 그리고 성령으로 존재하신 것이다.

흥미로운 것은 성경이 분명하게 '하나님'의 삼위일체하심을 여실하게 증거하였음에도 아직까지 여호와의 증인들은 그들만의 성경 번역판에 관사 'a'를 첨가하여 "말씀은 한 하나님이시라" 번역하여 예수는 하나님이 아니라 천사와 같은 계급으로 창조되었으며 추측컨대 예수 그리스도는 천사장 미가엘일 것이라고 주장하고 있다.

그러나 헬라어 성경 원본에는 하나를 칭하는 관사 'a'가 전혀 없다. 그러므로 그들의 의도는 '하나님은 단 한 분' 뿐이라는 이단적 이론을 유지하려는 속셈이다. 만약 그들의 해석에 따라 예수가 참되고 살아계시는 하나님에게서 분리된 또 하나의 신이라면 결국 그들은 두 신들을 갖게 된다.

또한 그들은 스스로 하나님의 존재를 수학적인 문제로 풀려고 애를 쓰며 '하나님'(Elohim)이 성부, 성자, 성령이라면 수리적으로 '1+1+1=3'이므로 삼위일체라고 할 수 없다고 말한다. 그러나 '1x1x1=1'이므로 수리적 증명으로도 '하나님'(Elohim)은 세 분으로 한 분이신 삼위일체 하나님이시다.

중요한 것은 하나님과 그 아들 예수 그리스도를 믿는 우리의 믿음의 태도이다. 우리는 유대인의 율법 경전보다, 헬라 철학자들의 신비의 철학보다 훨씬 더 완전한 성경의 진리의 말씀을 받은 예수 그리스도의 사람들이다.

사도 바울은 "우리가 다 하나님의 아들을 믿는 것과 아는 일에 하나가 되어 온전한 사람을 이루어 그리스도의 장성한 분량이 충만한 데까지 이르리니 이는 우리의 기업에 보증이 되사 그 얻으신 것을 구속하시고 그의 영광을 찬미하게 하려 하심이라"(엡 1:13,14) 증거하였다.

주님은 겟세마네 동산에서 "아버지께서 아들에게 주신 모든 자에게 영생을 주게 하시려고 만민을 다스리는 권세를 아들에게 주셨음이로소이다 영생은 곧 유일하신 참 하나님과 그의 보내신 자 예수 그리스도를 아는 것이니이다"(요17:2,3) 기도하셨다.

그러므로 하나님과 그 아들을 믿는 우리는 성경에 기록된 진리의 말씀을 토대로 성령의 깨우치심을 힘입어 복음의 충만함에 이르러야 할 것이다.

[기도] 거룩하신 하나님, 나의 주 예수님과 진리의 성령님, 우리에게 하나님에 대한 바른 지식을 깨닫게 하셔서 감사드립니다. 우리의 믿음은 유일하신 참 하나님과 그의 보내신 자 예수 그리스도를 아는 것에 있음을 고백합니다. 예수 그리스도의 이름으로 기도합니다. 아멘.

[핵심연구]
1. 엘로힘에 대한 히브리어를 설명해 보라.
2. 하나님의 삼위일체 되심을 설명해 보라.
3. 여호와의 증인의 가장 큰 오류는 무엇인가?

창조자 로고스

(요한복음 1:3) 만물이 그로 말미암아 지은바 되었으니 지은 것이 하나도 그가 없이는 된 것이 없느니라

바울은 예수 그리스도를 소개하여 "그는 보이지 아니하는 하나님의 형상이요 모든 만물보다 먼저 나신 자니 만물이 그에게 창조되되 하늘과 땅에서 보이는 것들과 보이지 않는 것들과 혹은 보좌들이나 주관들이나 정사들이나 권세들이나 만물이 다 그로 말미암고 그를 위하여 창조되었고 또한 그가 만물보다 먼저 계시고 만물이 그 안에 함께 섰느니라"(골1:15-17) 증거하였다.

바울이 말한바, 만물보다 먼저 계시고 만물을 창조하고, 보이는 것이나 보이지 않는 것들 곧 보좌들, 주관자들, 정사들, 권세들을 창조하신 '보이지 아니하는 하나님'이란 증거는 매우 흥미롭고 신비롭다. 보이지 않는 분께서 보이는 물체와 비물체 그리고 존재들 모두를 창조하셨으니 말이다.

21세기에 사는 우리는 물리학자들의 연구로 눈에 보이지 않는 것들이 형체를 이루고 있는 원자가 있음을 알고 있다. 물론 원자는 양전기를 띠고 공전하는 양자로 구성되었으며, 그 양자의 주변 궤도를 음전기를 띤 전자가 돌고 있다.

과학자들은 '원자'와 '양전하'(positive electric charge)의 원리를 진전시켜서 원자탄이라는 괴물을 만들었는데, 그 개념은 원자를 분리시켜 '양전자'(positron)를 방출하여 서로 밀어내는 특성을 따라 폭발의 반응을 일으키게 한 것이다. 그러면 창조이래 우주 만물의 방대한 조직들을 온전하게 붙들고 있는 것은 무엇인가?

당시 헬라 철학자들은 만물을 붙들고 있는 것은 물체의 능력 곧 '로고스'라고 주장하였다. 이러한 혼란을 잠식시킨 것이 바로 사도 요한이다. 그는 천지만물을 창조하고 우주만물의 방대한 조직을 붙들고 운행하는 그가 곧 '로고스' 곧 '태초에 계신 말씀'이라고 증거하였다.

오늘 본문에서 사도 요한은 '태초에 계신 말씀' 곧 '로고스'를 증거하여, "그가 태초에 하나님과 함께 계셨고 만물이 그로 말미암아 지은 바 되었으니 지은 것이 하나도 그가 없이는 된 것이 없느니라"(요1:2,3) 증거하였다. 이는 '말씀' 곧 '로고스'가 창조자이시며, 그가 곧 '예수 그리스도'이심을 증거한 것이다.

계속하여 요한은 "그 안에 생명이 있었으니 이 생명은 사람들의 빛이라 빛이 어두움에 비취되 어두움이 깨닫지 못하더라"(요1:4,5)증거하였다. 그럼에도 그로부터 창조되고 그에게 생명을 받은 사람들이 그를 영접하지 않는 것은 얼마나 어리석은 일인가?

구약의 선지자 다니엘의 증언을 보면, 당시 바벨론 왕 벨사살이 술 취하여 천지의 주권자 하나님을 모독하였을 때 다니엘이 왕 앞에 나아가 "벨사살 왕이여, 당신은 금과 은과 나무로 만든 신들을 찬양하고 있으나 당신이 영광을 돌리지 아니하는 하나님의 손에 당신의 호흡이 달려 있소"라고 책망한 바 있다(단5:17-26 참조).

오늘날 우리 주변에도 이런 사람들이 얼마나 많은가? 이와 같은 영적 오염 속에서 우리가 '로고스' 곧 창조자이시며 진리의 말씀 되신 '예수 그리스도'를 믿고 있다는 것은 얼마나 영광스럽고 복된 일인가? 우리는 더욱 힘써 그에게 가까이 나아가자.

[기도] 위대하신 하나님, 천지만물을 창조하시고 또 우리를 지으시고 하나님의 아들 예수 그리스도 안에서 살게 하신 하나님의 이름을 송축합니다. 부디 우리로 하나님의 진리의 말씀 속에서 아들 예수 그리스도를 아는 지혜로 충만케 하옵소서. 예수님의 이름으로 기도드립니다. 아멘.

[핵심연구]
1. 예수님은 왜 창조자이신가?
2. 태초의 말씀은 누구이신가?
3. 당신의 호흡의 주관자는 누구인가?

말씀 안의 생명의 빛

(요한복음 1:4) 그 안에 생명이 있었으니 이 생명은 사람들의 빛이라

사도 요한은 '로고스'(말씀)에 대하여 더 깊은 것들을 우리에게 알려 주었다. 요한은 말씀되신 그리스도를 소개하며 "그 안에 생명이 있고 이 생명은 사람들의 빛이라" 증거하였다. 이는 말씀 안에 설정된 영원한 삶의 가치를 말한 것이다.

사탄의 거짓말 중 하나는 하나님은 당신에게서 좋은 것을 빼앗으려 하고 당신의 삶을 재미없게 한다고 속삭인다. 그러나 천만의 말씀이다. 주님은 당신이 여태까지 경험하지 못하고, 알지 못하고, 상상도 할 수 없는 그것을 체험하도록 삶의 차원을 높여 주시기를 원하신다.

그러므로 예수께서도 자신이 생명과 빛이 되심을 친히 증거하여 "나는 세상의 빛이니 나를 따르는 자는 어두움에 다니지 아니하고 생명의 빛을 얻으리라"(요8:12) 말씀하셨고, 또 "내가 곧 길이요 진리요 생명이니 나로 말미암지 않고는 아버지께로 올 자가 없느니라"(요14:6) 말씀하셨다.

이 모든 증거들은 예수 그리스도의 존재를 칭한 비유로서, 요한이 그리스도를 생명이시고 사람들의 빛으로 소개한 것은 사람은 오직 그리스도 안에서 하나님의 목적과 능력이 이루어질 수 있음을 설명하기 위한 것이다.

요한은 '생명'이란 용어를 육체적이든 영적인 생명이든 공통으로 사용하였는데, 특별히 '영원'이란 말과 함께 사용하여 그리스도 성도들의 영육 간의 생명의 위엄과 능력이 있음을 증거하였다. 그러나 안타깝게도 요한은 "빛이 어두움에 비취되 어두움이 깨닫지 못하더라"(5) 증거하였다.

성경의 역사는 빛과 어둠의 전쟁이다. 에덴동산 이후 사람들이 세상에 살면서부터 어두움이 빛을 물리치려 한 것은 사실이다. 빛보다 어두움을 더 사랑했던 세상 사람들은 양심을 비추는 빛으로 인해 화가 났기 때문이다.

세상을 사랑한 사람들은 말씀으로 오신 그가 '참 빛' 곧 사람에게 비추는 빛의 존재인 것을 깨닫지 못하므로 그 빛을 소멸하려고 애를 썼고, 결국 빛이신 예수 그리스도를 십자가에 못 박아 그의 죽으심으로 빛을 소멸했다고 생각했었다. 그러나 삼 일이 되던 날 그들은 그 빛을 소멸하지 못한 것을 알게 되었고, 그 빛은 이전보다 더 밝게 세상을 비췄다.

오늘날도 빛을 물리치려고 애를 쓰는 사람들이 있다. 사람들은 세상에서 하나님의 이름과 예수 그리스도의 이름을 제거하려고 한다.

그들은 모든 힘을 동원하여 하나님과 예수 그리스도에 대한 그 어떠한 인식도 모두 제거하려고 애를 쓴다. 그러나 그들은 결코 그렇게 할 수 없을 것이다.

예수님을 생각해 보자. 주님은 갈릴리 들판을 걸어가시다가 제자들에게 "공중에 나는 새를 바라보라, 들의 백합화가 어떻게 자라는가 생각하여 보라"(마6:26,28) 말씀하셨다.

주님은 공중을 자유로이 나는 새들의 기학적 원리와 들판에 울긋불긋한 아름다운 꽃들의 피고 지는 화학적 구조를 모두 알고 계신 것이다. 이 땅의 모든 피조물늘을 _그_가 칭조히 셨기 때문이다. 이와 같이 주를 믿는 우리 또한 _그_가 창조하셨으므로 그는 우리의 생사화복의 운명을 모두 알고 계시고 그의 생명의 빛으로 우리의 영혼을 비추고 계신 것이다.

그러므로 요한은 "또 증거는 이것이니 하나님이 우리에게 영생을 주신 것과 이 생명이 그의 아들 안에 있는 그것이니라"(요일5:11) 하였고, 다시 "내가 하나님의 아들의 이름을 믿는 너희에게 이것을 쓴 것은 너희로 하여금 너희에게 영생이 있음을 알게 하려 함이라"(요일5:13) 증거하였다.

[기도] 사랑하는 주님, 주께서 나를 창조하시고 나의 빛이 되어 영원한 생명을 주심을 감사드립니다. 우리에게 주신 빛으로 세상을 비추도록 우리에게 능력을 더하여 주시옵소서. 예수님의 이름으로 기도드립니다. 아멘.

[핵심연구]

1. 요한이 증거하는 빛은 무엇인가?

2. 생명이 사람들의 빛이라고 하신 말씀은 무슨 뜻인가?

3. 나는 무엇을 생명으로 삼고 사는가?

그 이름을 믿는 자들

(요한복음 1:12) 영접하는 자 곧 그 이름을 믿는 자들에게는 하나님의 자녀가 되는 권세를 주셨으니

사도 요한은 그의 첫 편지에서 "태초부터 있는 생명의 말씀에 관하여는 우리가 들은 바요 눈으로 본 바요 주목하고 우리 손으로 만진 바라"(요일1:1) 증거하였다. 이 말씀은 주를 믿는 우리가 성경의 말씀을 어떻게 대할 것인가에 대한 사도의 증거이다.

그 이유는 나를 지으시고 내 앞에 있는 그 모든 것, 곧 보이는 것이나 보이지 않는 모든 것을 붙들고 계신 분이 바로 우리가 믿는 주 예수 그리스도이시며, 그가 '로고스' 곧 '말씀'이라 할 때, 성경의 말씀을 대하는 우리의 태도는 더욱 경건하고 진지해져야 할 것이기 때문이다.

요한은 앞에서 세상은 그에 의해 지은 바 되었지만 세상 사람들은 그를 알지 못했다고 증거했다. 이 얼마나 안타깝고 어리석은 일인가, 물론 창조에 속한 지혜는 눈에 보이지 않는 하늘에 속한 지식이므로 사람들이 알지 못할 수도 있다. 그러나 창조자이신 주께서 자기 땅에 오셨는데 자기 백성들이 그를 영접하지 아니하고 거절한 것은 무지한 것이 아니라 거역이다. 이는 아들이 자기 아버지를 거절한 것과 같은 반역이다.

오늘 사도 요한은 우리에게 "영접하는 자 곧 그 이름을 믿는 자에게는 하나님의 자녀가 되는 권세를 주셨으니"(12)라고 증거하였다. 이것은 죄인 된 우리가 창조자 하나님의 아들 예수 그리스도를 믿음으로 하나님의 자녀가 되는 길을 여신 것이다. 요한은 이것을 '자녀가 되는 권세'라고 증거하였다.

여기서 '영접하는 자'라는 선언은 이제 당신에게 선택의 책임이 있다는 뜻이다. 왜냐하면 한 세상 살아가면서 빛이고 생명이신 그를 영접할 것인지, 아니면 어두움을 좋아하는 사람들 속에 살면서 그를 거절하든지를 선택해야 하기 때문이다. 그 선택으로 인생의 흥망이 결정되며 그 선택으로 당신의 영혼의 결국이 결정된다.

또한 "이는 혈통으로나 육정으로나 사람의 뜻으로 나지 아니하고 오직 하나님께로서 난 자들이니라"(13)하신 말씀은 예수 그리스도를 믿는 자들은 혈육의 계보나 사람과의 인과 관계를 통해서 이루어진 것이 아니라는 뜻이다. 다시 말하여 태어남으로부터 예수 믿을 운명으로 태어났다는 뜻이다.

그러므로 바울은 예수 믿는 자들의 복을 말하여 "창세 전에 그리스도 안에서 우리를 택하사 우리로 사랑 안에서 그 앞에 거룩하고 흠이 없게 하시려고 그 기쁘신 뜻대로 우리를 예정하사 예수 그리스도로 말미암아 자기의 아들들이 되게 하셨으니"(엡 1:4,5)라고 증거하였다.

우리 집안은 대대로 불교 집안이며 유교를 숭상하는 가풍을 갖고 있었다. 나는 어려서부터 제사를 지내며 석가탄신일에는 어머니와 함께 불공을 드렸다. 또한 어머니는 몸이 약한 아들을 위해 수시로 점을 보시고 무당집을 찾으셨다. 절대로 서양에서 전래한 예수를 믿을 수 없는 환경이었다.

그러나 못난 아들의 일거수일투족을 돌보시던 하늘 같은 어머니께서 아들의 방탕생활을 멈추기 위해 스스로 목숨을 내려놓으셨을 때, 머리가 백지가 되고 숨이 멎는 고통 속에 들려 온 그리스도 예수의 이름은 지옥 열차를 멈추는 생명의 빛이었다.

이와 같이 예수님은 인간이 상실한 연결고리를 잇기 위해 오셨으며 오직 그분만이 당신의 죄를 멈추게 하실 구원자이시다. 예수 그리스도는 지금도 성경의 말씀을 통하여 우리 가운데 계시고 그 말씀은 나의 영혼의 빛이시며 생명이시다.

[기도] 사랑하는 하나님, 나로 빛되신 아들 예수 그리스도를 믿게 하심을 감사드립니다. 나에게 경건의 비밀을 알게 하셨으니 나로 하여 더욱 주의 말씀 가운데로 나아가게 하옵소서. 예수님의 이름으로 기도드립니다. 아멘.

[핵심연구]
1. 하나님의 아들이 되는 권세는 어떻게 얻게 되는가?
2. 그 이름을 믿는다는 것은 무슨 뜻인가?
3. 당신이 예수 그리스도를 영접한 과정을 증거해 보라.

하나님께로서 난 자들

(요한복음 1:13) 이는 혈통으로나 육정으로나 사람의 뜻으로 나지 아니하고 오직 하나님께로서 난 자들이니라

우리는 이 말씀 속에서 하나님의 공평하심과 공의의 하나님이심을 알 수 있다. 만약 예수를 영접하는 일이 혈통이나 육정이나 사람의 뜻으로 되는 일이라면 하나님의 나라는 세상과 다를바 없을 것이다.

그러므로 바울은 "창세 전에 그리스도 안에서 우리를 택하사 우리로 사랑 안에서 그 앞에 거룩하고 흠이 없게 하시려고 그 기쁘신 뜻대로 우리를 예정하사 그리스도로 말미암아 자기의 아들들이 되게 하셨다"(엡1:4,5) 증거하였다.

어떤 사람들은 자기들 교회에 들어 온 사람들만이 택함을 받은 자들이라고 주장한다. 그들은 '혈통이나 육정으로나 사람의 뜻으로 나지 않는다' 말씀하신 성경의 증거를 부정하는 것으로 그들 스스로 자신들이 이단자임을 증거하고 있는 것이다.

또한 하나님의 인간 창조를 믿지 않는 사람들은 사람들의 잃어버린 연결고리(missing link)를 찾으려는 과오를 범하고 있다. 더 나아가 어떤 사람들은 하급 동물계 속에서 인류의 잃어버린 연결고리를 찾으려 애쓴다.

그들은 수세기동안 수억의 돈과 시간을 허비하고 있지만 그들의 노력과는 관계없이 사람의 연결고리를 하급 단계의 동물 속에서 발견하는 일은 영원히 이루지 못할 것이다. 왜냐하면 세상의 창조이래 처음부터 그런 것은 없기 때문이다.

오직 예수께서 인간의 죄로 말미암아 상실한 하나님과의 연결고리를 잇기 위해 오셨으며 오직 그분만이 당신을 하나님과 다시 연결시킬 수 있는 유일하신 분으로 곧 말씀이 육신이 되어 오신 그리스도이시다.

원래 사람은 고귀한 하나님의 형상과 모양으로 지어졌으나 하나님의 말씀을 의심한 죄가 사람을 낮은 수준으로 끌어내린 것이다. 그래서 인간은 하나님과의 연결고리가 상실되어 어두움과 혼란 속에서 살아가게 되었다.

그러므로 요한은 후일 "보라 아버지께서 어떠한 사랑을 우리에게 주사 하나님의 자녀라 일컬음을 얻게 하셨는고, 그러므로 세상이 우리를 알지 못함은 그를 알지 못함이니라"(요일3:1)증거하였다.

그러면 태어남으로부터 죄인 된 우리가 어떻게 하나님과의 연결고리를 이을 수 있는 것일까? 사도 바울은 "가로되 주 예수를 믿으라 그리하면 너와 네 집이 구원을 얻으리라"(행 16:31) 증거하였다. 영생에 이르는 영혼의 구원을 말한 것이다.

또한 베드로 사도 역시 "다른 이로서는 구원을 얻을 수 없나니 천하 인간에 구원을 얻을 만한 다른 이름을 우리에게 주신 일이 없음이니라"(행4:12) 증거하였다.

그러므로 바울은 하나님께로 난 자들의 복을 말하여 "하나님이 미리 아신 자들로 또한 그 아들의 형상을 본받게 하기 위하여 미리 정하셨으니 이는 그로 많은 형제 중에서 맏아들이 되게 하려 하심이니라"(롬 8:29) 기록하였다.

이제 택하심을 받은 당신은 무엇을 할 것인가, 어떻게 살 것인가? 를 결정할 시간이다. 무엇이 우리를 하나님의 사람답게 살게 할 것인가를 생각하여야 할 것이다.

[기도] 사랑하는 하나님, 우리에게 아들 예수 그리스도를 보내 주심을 감사하옵고 아들의 이름을 믿게 하심을 감사드립니다. 이는 우리가 하나님의 뜻 안에서 난 자들임을 증거하오니 우리로 아들 예수 그리스도를 더욱 알게 하옵소서. 예수 그리스도의 이름으로 기도드립니다. 아멘.

[핵심연구]
1. 혈통과 육정은 무엇을 뜻하는가?
2. 구원이 사람의 뜻으로 이루어질 수 없는 이유는 무엇인가?
3. 하나님께로서 난 자들이란 어떤 의미인가?

말씀이 육신이 되어

(요한복음 1:14) 말씀이 육신이 되어 우리 가운데 거하시매 우리가 그 영광을 보니 아버지의 독생자의 영광이요 은혜와 진리가 충만하더라

본문은 예수 그리스도의 '말씀'(로고스) 되심의 네 번째 소개이다. 사도 요한은 1절에서 "태초에 말씀이 계시니라 이 말씀이 하나님과 함께 계셨으니 이 말씀은 곧 하나님이시니라" 기록함으로서 그의 신성과 존엄, 그리고 하나님과 동일하심을 증거하였다.

그 당시 '로고스'라는 말은 스토아 철학자 이전부터 주장하던 우주의 중심원리로써 만물을 조성하고 주관하는 본질적인 이성으로 사람의 눈으로 볼 수 없는 존재이다.

그러나 사도 요한이 "말씀이 육신이 되어 우리 가운데 계시매 우리가 그 영광을 보니 아버지의 독생자의 영광이요 은혜와 진리가 충만하더라" 증거하여 하나님의 아들 예수 그리스도의 성육신하심을 증거하였다. 이는 헬라 철학자들의 주장처럼 '로고스'(말씀)는 불가지론적인 존재가 아니라 말씀이신 예수 그리스도께서 실제적 존재이심을 피력한 것이다.

다시 말하여 사도 요한은 "우리가 그 영광을 보니"라고 증거하여, 말씀이신 예수 그리스도는 철학자들의 주장처럼 단순한 이상적 개념의 존재가 아닌 모든 사람들이 공존하며 체험할 수 있는 하나님의 아들이신 실체이심을 증거하였다.

더욱 흥미로운 증거는 "우리가 다 그의 충만한 데서 받으니 은혜 위에 은혜러라"(16)는 말씀이다. 이는 "말씀이 육신이 되어 우리 가운데 거하시매 우리가 그 영광을 보니 아버지의 독생자의 영광이요 은혜와 진리가 충만하더라"(요1:14)와 직접적인 관계 설정된 근거로서, 요한은 "은혜 위에 은혜"(one blessing after another)라고 증거하여 그리스도의 은혜는 끊임없는 은혜의 연속임을 증거하였다.

계속하여 요한은 다시 은혜와 진리를 언급하여 "율법은 모세로 말미암아 주어진 것이요 은혜와 진리는 예수 그리스도로 말미암아 온 것이라" 증거하였다. 그 이유는 그 당시 유대인들은 모세의 율법 속에 살고 있었고 그것이 은혜요 진리인 것으로 믿고 있었기 때문이다.

그러므로 요한은 "본래 하나님을 본 사람이 없으되 아버지 품속에 있는 독생하신 하나님이 나타내셨느니라"(18) 증거하여 예수 그리스도께서 독생자이신 하나님의 아들이심을 증거하였다.

다시 말하여 요한이 서두에서 '태초로부터 계신 로고스'(말씀)와 우리의 연결고리를 설명한 것이라면, 14절에서는 '말씀'과의 관계성 속에서 누리는 하나님의 독생자의 영광과 충만한 은혜와 진리를 증거한 것이다.

그러므로 바울은 그리스도의 신비를 말하여 "크도다 경건의 비밀이여, 하나님께서 육신으로 나타난 바 되시고"(딤3:16)라고 증거하였다. 이는 육신으로 나타나신 하나님 곧 예수 그리스도는 창조자이시며, 천지 만물을 명령하시는 분이시며, 인간의 삶의 목적을 부여하시는 분이시며, 무엇이 옳고 그른 것인지를 결정하시는 분, 곧 말씀이 우리 가운데서 함께 사시는 것이다. 그러므로 은혜 위에 은혜인 것이다.

- 무슨 말이 더 필요한가?
- 누구의 가르침이 더 필요한가?
- 누구의 증거가 더 필요한가?

[기도] 생명의 말씀이신 예수님, 하나님의 말씀이신 주께서 우리에게 오셨기에 우리가 은혜와 진리를 충만히 누리고 있습니다. 창조자 하나님과 그의 보내신 자 예수 그리스도를 아는 것이 영생이라 하셨으니 우리가 그 복을 누리기에 부족함이 없게 하소서. 예수님의 이름으로 기도드립니다. 아멘.

[핵심연구]
1. "말씀이 육신이 되어" 우리 가운에 계신 분은 누구인가?
2. 예수 그리스도를 만날 수 있는 유일한 길은 무엇인가?
3. "은혜와 진리가 충만"한 삶을 살 수 있는 방법은 무엇인가?

하나님의 어린양

(요한복음 1:29) 이튿날 요한이 예수께서 자기에게 나아오심을 보고 가로되 보라 세상 죄를 지고 가는 하나님의 어린 양이로다

요세푸스에 의하면 그 당시 유월절 명절에 256,000마리의 어린 양이 희생당하고 이를 위해 2,000여명의 제사장들이 봉사했다고 한다. 이는 매년 예루살렘에서 3백만명에서 5백만명의 죄사함이 거행되었다는 증거이기도 하다. 그러나 히브리서 기자는 "해마다 드리는 제사로는 사람을 온전케 할 수 없음으로 오직 나를 위하여 한 몸을 예비하셨다"(히10:1-5) 증거하였다.

본문에서 세례 요한은 제자들에게 예수를 바라보며 "보라 세상 죄를 지고 가는 하나님의 어린 양이로다" 증거하였으며, 다시 "내가 전에 말하기를 내 뒤에 오는 사람이 있는데 나보다 앞선 것은 그가 나보다 먼저 계심이라 한 것이 이 사람을 가리킴이라"(30) 증거한 것이다.

사실 예수님은 세례 요한의 친족으로 세례 요한보다 6개월 후에 태어났다. 이러한 증거들은 세례 요한과 예수님은 어려서부터 충분한 교분이 있었음을 뜻한다. 그럼에도 세례 요한은 예수를 가리커 '하나님의 어린 양'이라고 증거하였다. 예수와 같은 나이 선상에 살면서 요한은 제사장의 아들로, 예수는 일개 목수의 아들로 성장했는데 요한은 어떻게 예수를 하나님의 어린 양이라고 단정할 수 있었을까?

어린 양에 대한 증거는 창세기에서도 볼 수 있다. 하나님으로부터 백 살에 낳은 독자 이삭을 번제로 드리라는 명령을 받은 아브라함은 이삭을 데리고 산으로 갔다. 이때 이삭은 아버지 아브라함에게 "번제할 양은 어디에 있습니까?" 묻자 아브라함은 "아들아 번제할 어린 양은 하나님이 자기를 위하여 친히 준비하시리라"(창22:8) 말하였다.

흥미롭게도 여기서 언급된 '어린 양'은 복수가 아닌 단수이다. 그러므로 성경은 아브라함을 통해 장차 오실 예수 그리스도의 희생을 미리 계시하신 것이다. 이로서 '여호와 이레' 곧 '여호와께서 친히 준비하신다'는 말이 시작되었다.

또한 이스라엘 백성들에게 하나님의 어린 양에 대한 기억은 애굽에서 사백년간 종살이 할 때에 모세를 통하여 실제로 체험하게 된다. 애굽왕 바로의 손에서 자기 백성 이스라엘을 구원하기 위한 제물로 하나님의 어린 양이 제물로 드려졌기 때문이다.

하나님은 모세에게 "일 년 된 숫양을 취하여 잡고 그 피로 좌우 문설주와 인방에 바르라 내가 애굽 땅을 칠 때에 그 피가 너희의 거하는 집에 있어 너희의 표적이 될지니 내가 피를 볼 때에 너희를 넘어가리니 재앙이 너희에게 임하지 못하리라"하시며 "이 날을 기념하여 여호와의 절기 유월절로 영원한 규례로 삼으라"(출 12:1-14) 말씀하셨다. 그러므로 이스라엘 민족에게 있어 하나님의 어린 양은 택한 백성을 구원하시는 하나님의 징표이다.

그러므로 오늘 본문에서 사도 요한이 세례 요한의 말을 들어 하나님의 아들 되시며 말씀으로 오신 예수 그리스도를 '세상 죄를 지고 가는 하나님의 어린 양'으로 소개하는 이유는 그가 세상에 오신 목적과 장차 어떠한 죽음을 맞을 것인가를 계시한 것이다.

오늘 이 시대에 사도 요한의 증거를 통하여 새롭게 하나님의 어린 양을 만나는 우리는 과연 그는 나와 어떤 관계이며 하나님은 왜 그를 우리에게 이끌어 오셨는가를 생각해 보아야 할 것이다.

[기도] 사랑하는 하나님, 나를 위하여 하나님의 어린 양 되신 예수 그리스도를 보내 주심을 감사드립니다. 귀하신 아들을 어린 양으로 삼아 나를 구원하시고 그로 말미암아 내가 하나님의 아들이 되었으니 주의 이름으로 나를 거룩하게 하옵소서. 내가 오직 주 예수만을 찬양하게 하소서. 예수 그리스도 이름으로 기도드립니다.

[핵심연구]
1. 하나님의 어린양은 누구인가?
2. 성경에서 하나님의 어린양 개념이 처음 언급된 곳은 어디인가?
3. 세상 죄를 지고 가는 하나님의 어린양은 무슨 뜻인가?

믿음의 표적

(요한복음 2:11) 예수께서 이 처음 표적을 갈릴리 가나에서 행하여 그 영광을 나타내시매 제자들이 그를 믿으니라

요한복음 2상 후미에는 "유월절에 예수께서 예루살렘에 계시니 많은 사람이 그 행하시는 표적을 보고 그 이름을 믿었으나 예수는 그 몸을 저희에게 의탁하지 아니하셨으니 이는 친히 모든 사람을 아심이요 또 친히 사람의 속에 있는 것을 아시므로 저희에 대하여 아무의 증거도 받으실 필요가 없음이니라"(23-25) 기록되었다.

여기서 사람들이 예수님의 '기이한 행적'을 보고 '그 이름'을 믿었다고 기록된 것으로 보아 예수님은 유월절에 성전에 거하시면서 많은 사람들의 병을 고치시고 귀신을 쫓으시고 또한 소경이나 귀머거리들을 온전케 하셨음을 알 수 있다. 그러므로 그들의 믿음은 예수 그리스도께서 성경 계시를 따라 메시아되심을 믿은 것이 아니라 예수께서 행하시는 표적들을 보고 믿은 것이다.

예수님께서도 오병이어의 기적을 보고 따르는 사람들에게 "내가 진실로 진실로 너희에게 이르노니 너희가 나를 찾는 것은 표적을 본 까닭이 아니요 떡을 먹고 배부른 까닭이로다"(요6:26) 지적하신 바 있다. 이때 예수님은 먹을 것을 찾아 따라온 수천명의 사람들을 향하여 너희의 믿음의 근거가 무엇이냐를 물으신 것이다.

흥미롭게도 요한은 예수께서 요한복음 2장 서두, 가나 혼인 잔치에서 물을 포도주로 변화시킨 기적을 '첫 번째 표적'이라 기록하였고, 다시 요한복음 4장 말미에서 "이것은 예수께서 유대에서 갈릴리로 오신 후 행하신 두 번째 표적이니라"(요4:54) 기록하였다.

요한이 첫 번째 기적, 두 번째 기적으로 분류해서 주석한 것으로 보아 이 내용들을 읽는 우리에게 어떤 중요한 복음의 메시지를 주기 위한 것임이 틀림없다.

더구나 2장과 4장을 사이에 두고 이러한 주석이 된 것은, 2장과 4장 전체를 통하여 우리에게 전달하는 특별한 메시지가 있음을 암시한다. 그러므로 오늘 우리는 이 부분에 내포된 어떤 영적인 의미를 찾아야 할 것이다.

첫 번째 표적에 언급된 물은 창조로부터 산소 원자 1개와 수소 원자 2개가 결합한 H_2O 형태로써, 이 땅의 모든 생명체의 생명과 모든 물질의 조화와 우주의 균형을 주관하는 지구의 핵심 구성체이다.

또한 사람 몸은 약 66%가 물로 이루어져, 이 중에서 1~2%만 잃어도 갈증을 느끼고, 약 5%를 잃으면 혼수상태에 빠지게 되며, 12% 이상을 잃으면 생명을 잃게 된다. 따라서 사람은 매일 적당한 양의 물을 섭취해야 생명과 건강을 유지할 수 있다.

그러나 포도주는 우리의 생명과는 무관하며 갈증을 해결하지도 못하여 설혹 우리 삶에 포도주가 없다고 해서 생활에 불편을 느끼지 않는다. 다만 있으면 좋고 없어도 괜찮은 과일주이다.

만약 우리 인생에 좋은 포도주가 있다면 삶은 한결 부드러워지고 유쾌해진다. 무료하고 지친 인생길에서 포도주 한잔은 기쁨 그 자체이다. 더구나 결혼식장에서 포도주는 신랑 신부와 친지 그리고 하객 모두의 마음을 화합하고 만족케 하는 축복의 음료이다.

그러나 포도주가 삶의 기쁨을 충족하는 매개체라 해도 포도주는 물과 같이 아무데서나 얻을 수 있는 것은 아니다. 포도주를 만들려면 물에 포도를 넣고 적당한 온도와 일정 기간 동안 숙성시켜야 한다.

또한 좋은 포도주를 얻으려면 맑고 깨끗한 물과 양질의 포도 열매와 고도의 기술과 숨은 인내와 노력이 필요하다. 이와 같이 포도주는 창조의 자원과 인간의 지혜와 땀으로 만들어진 작품이다.

오늘 본문에서 언급된 혼인 잔칫집의 포도주는 어떤 과정과 공정이 없이 예수님의 명령대로 하인들이 마당의 항아리에 채운 물을 연회장에 갖다주니 즉시로 최상의 포도주로 바뀐 것이다. 이것은 그 누구도 할 수 없는 기적 중의 기적이다.

그러나 예수께서 물을 포도주로 만드신 창조이래 초유의 사건은 메시아의 능력을 과시하기 위한 것이 아니라 무의미한 인생의 삶을 기쁨으로 바꾸시는 하나님의 아들 예수 그리스도께서 이 땅에 오신 사역적 목적을 시사한 또 다른 메시지이다.

특별히 사도 요한은 이 기적을 언급하며 "예수께서 이 처음 표적을 갈릴리 가나에서 행하여 그 영광을 나타내시매 제자들이 그를 믿으니라"(11) 주석하였다. 그러므로 가나 혼인잔치의 표적은 예수께서 제자들에게 주시는 특별한 메시지이다. 다시 말하여 우리 인생에서 예수 그리스도의 초대는 멈추지 않는 삶의 기쁨이 될 것을 계시하신 것이다.

그러므로 만약 당신이 귀신 쫓아냄이나 병고침과 같은 기적들을 보고 믿는다면 당신의 믿음은 칭찬 받지 못할 것이다. 그러나 당신이 예수 그리스도로 말미암아 갈증으로 시달린 인생길에서 최상의 삶을 누릴 수 있다면 이미 당신은 예수께서 주관한 혼인잔치에 참여한 복된 사람이다.

[기도] 사랑하는 주님, 죄의 고통으로 얼룩진 내 인생을 예수님의 혼인잔치에 초대하여 주시어 축복의 잔을 채워 주심을 감사드립니다. 예수님의 이름으로 기도드립니다. 아멘.

[핵심연구]
1. 혼인 잔치에서 제자들은 무엇을 믿은 것인가?
2. 당신의 인생, 물로 만족한가, 축복의 잔이 필요하지 않은가?
3. 계시록 19장에서 예수 그리스도의 신부는 누구인가?

거듭남의 비밀

(요한복음 3:5) 예수께서 대답하시되 진실로 진실로 네게 이르노니 사람이 물과 성령으로 나지 아니하면 하나님 나라에 들어갈 수 없느니라

요한복음 3장 서두에는 유대인의 관원 바리새인 니고데모가 소개되었다. 승리자라는 뜻을 가진 니고데모는 산헤드린이라는 유대인의 의결기관인 최고 평의회의 한 사람으로 이스라엘의 지도자였다. 이 기관의 대부분은 바리새인들로 구성되어 있으며 그들은 자신들을 특별한 종교적 사명으로 거룩하게 구별된 의인이라고 주장하는 분리주의자들이다.

예수님은 제자들에게 "너희 의가 서기관과 바리새인보다 낫지 못하면 결단코 천국에 들어가지 못하리라"(마5: 20) 말씀하신 바 있다. 이처럼 바리새인들은 유대교의 가르침에 충실하여 자신들이 이스라엘을 이끌고 가는 중추적 세력이라 믿고 있었다.

후일 니고데모는 예수 그리스도를 임의로 판단하려는 바리새인들을 향하여 "우리 율법은 사람의 말을 듣고 그 행한 것을 알기 전에 판결하느냐"(요7:50) 힐문한 바 있으며, 예수께서 십자가에 돌아가셨을 때 몰약과 침향을 갖고 와서 장사 준비를 하였다(요 19:39).

어느날 저녁 니고데모가 예수님을 찾아와 "랍비여 우리가 당신은 하나님께로서 오신 선생인 줄 아나이다 하나님이 함께 하지 아니하시면 당신의 행하시는 이 표적을 아무라도 할 수 없음이니이다" 말하였다.

그가 밤에 예수를 찾아왔다는 것은 유대인들의 눈을 의식하였다는 것이며 또한 개인적인 관심이 있었다는 뜻이기도 하다. 그러나 그가 예수님을 찾은 것은 메시아이심을 알고 찾은 것이 아니라 예루살렘에서 행하신 많은 표적들을 보고 온 것이다.

니고데모의 속내를 아시는 예수님은 그에게 "진실로 진실로 네게 이르노니 사람이 거듭나지 아니하면 하나님의 나라를 볼 수 없느니라"(3) 말씀하셨다. 여기서 사용된 '거듭남'에 해당되는 헬라어 '아노덴'(anothen)은 '위로부터 태어나다'는 뜻으로 영어의 'born again'과 같이 중생을 뜻한다. 그러므로 거듭남은 '하나님 나라를 보기 위한 수단'이다.

다시 말하여 메시아의 왕국에 들어가기 위해서는 유대인이라도, 바리새인이라도 안되고 성령으로 거듭나지 않으면 불가능하다는 뜻이다. 그러나 니고데모는 예수님의 말씀을 도저히 이해할 수 없었다.

이에 니고데모는 "사람이 늙으면 어떻게 날 수 있습니까 두번째 모태에 들어갔다가 날 수 있습니까?" 물었다. 벽창호 같은 말이지

만 그는 아직 예수님과의 영적 채널이 열리지 않아서 그의 율법적 신앙으로는 예수님의 말씀에 접근할 수가 없었던 것이다. 그러므로 복음의 계시는 종교적 열심으로도 알 수 없으며 종교적 지위와도 관계없다. 오직 그의 부르심에 순종한 자들의 믿음을 따라 알게 하신 하늘에 속한 지혜인 것이다.

니고데모가 예수 그리스도의 말씀을 알아들을 수 없었던 것은 그의 믿음이 율법적 종교활동에 묶여 있기 때문이다. 그러므로 예수께서 "진실로 진실로 네게 이르노니 사람이 물과 성령으로 나지 아니하면 하나님 나라에 들어갈 수 없느니라"(5) 말씀하신 것이다. 그러면 여기서 물과 성령은 무엇을 의미하는가? 이에 대한 해석은 학자들에 따라 분분하지만 요한복음의 구조를 보면 이는 예수 그리스도의 복음의 계시인 물세례와 성령의 세례를 언급한 것이 분명하다(요1:30-33 참조).

흥미롭게도 후일 누가도 "모든 백성과 세리들은 이미 요한의 세례를 받은지라 주의 말씀을 듣고 하나님을 의롭다 하되 오직 바리새인들과 율법사들은 그 세례를 받지 아니한지라 스스로 하나님의 뜻을 저버리니라"(눅7:29,30) 증거하였다. 여기서 말하는 세례 역시 종교적 의식이 아니라 세례 요한을 통해서 임하신 복음의 계시를 뜻한다. 복음은 하나님의 뜻 안에 감추어진 예수 그리스도에 대한 계시이기 때문이다.

그러므로 후일 사도 요한은 예수 그리스도를 증거하여 "이는 물과 피로 임하신 자니 곧 예수 그리스도시라 물로만이 아니요 물과 피로 임하셨고 증거하는 이는 성령이시니 성령은 진리니라 증거하는 이가 셋이니 성령과 물과 피라 또한 이 셋이 합하여 하나니라"(요일5:6-8) 증거하였다.

여기서 요한은 예수 그리스도를 증거하여 '이는 물과 피로 임하신 자니 곧 예수 그리스도시라 물로만이 아니라 피로 임하셨다' 하였고, 다시 '성령과 물과 피라 또한 이 셋이 합하여 하나니라' 거듭 반복해서 설명하였다. 이는 예수 그리스도의 성육신 하심과 십자가의 구속과 성령의 역사를 부인하는 자들을 위한 증거이다.

오늘날도 믿는 자들 중에는 '물과 성령'에 대한 성경적 지혜를 얻지 못한 사람들이 있다. 그러므로 바울은 "우리 주 예수 그리스도의 하나님 영광의 아버지께서 지혜와 계시의 정신을 너희에게 주사 하나님을 알게 하시고"(엡1:17)라고 기원하였다.

[기도] 사랑하는 주님, 세상 물질 문명 속에 사로잡혀 살아가는 우리에게 거듭남의 세계를 알려 주심을 감사드립니다. 내 영이 그리스도를 아는 지혜를 얻어 천국을 보게 하옵소서. 예수님 이름으로 기도 드립니다. 아멘.

[핵심연구]
1. 물과 성령으로 남은 무슨 뜻인가?
2. 니고데모가 거듭남을 이해하지 못한 것은 무엇 때문인가?
3, 하나님을 믿으면서도 거듭나지 못한 이유는 무엇 때문인가?

천국을 여는 열쇠

(요한복음 3:16) 하나님이 세상을 이처럼 사랑하사 독생자를 주셨으니 이는 저를 믿는 자마다 멸망치 않고 영생을 얻게 하려 하심이니라

요한복음 1장에는 "영접하는 자 곧 그 이름을 믿는 자들에게는 하나님의 아들이 되는 권세를 주셨으니 곧 혈통으로 나지 아니하고 육신의 뜻이 아니요 사람의 뜻이 아니요 오직 하나님의 뜻이니라" 기록되었다. 이 말씀은 하나님의 자녀는 하나님의 뜻과 계획 안에 예정되었음을 증거한 것이다.

예수님은 저녁 늦은 시간에 찾아온 유대인 지도자 니고데모에게 "진실로 진실로 네게 이르노니 사람이 거듭나지 아니하면 하나님 나라를 볼 수 없느니라"(3) 말씀하셨다. 택한 백성이라서 태어남으로부터 천국에 들어갈 것이라 철석같이 믿고 있던 유대인 지도자에게 천국 입성의 조건을 재조명하신 것이다.

그러나 예수님의 말씀을 이해하지 못한 니고데모는 "사람이 늙으면 어떻게 날 수 있삽나이까 두 번째 모태에 들어갔다가 날 수 있삽나이까"(4) 되물었다. 우리 생각에도 앞뒤가 막힌 벽창호 같은 사람이 아닐 수 없다. 그러므로 주님은 "네가 이스라엘의 선생으로 이것을 알지 못하느냐" 책망하셨다. 하나님의 백성들의 지도자로서는 당연히 알아야 했었다는 말씀이다.

더 나아가 주님은 그가 알지 못하는 이유를 말하여 "우리는 아는 것을 말하고 본 것을 증거했는데, 너희는 우리의 증거를 받지 않았다" 책망하셨다. 다시 말하여 성경의 모든 증거는 천국에 관한 것인데 너희가 받아들이지 않았다는 뜻이다. 다시 말하여 택하신 백성으로 성부, 성자, 성령의 증거를 너희가 받아 드리지 않았음을 책망하신 것이다.

말귀를 못 알아듣는 니고데모에게 주님은 "내가 땅의 일을 말하여도 너희가 믿지 아니하거든 하물며 하늘 일을 말하면 어떻게 믿겠느냐"(12) 반문하신 후, 구약 성경에 기록된 사건을 상기시키며 "모세가 광야에서 뱀을 든 것 같이 인자도 들려야 하리니 이는 저를 믿는 자마다 영생을 얻게 하려 하심이니라"(14,15) 말씀하셨다. 주님은 이 사건이 복음의 계시였음을 설명하신 것이다.

성경에서 놋은 심판을, 뱀은 죄를 상징한다. 그러므로 장대 위의 놋뱀은 하나님께서 그들의 죄를 심판하신 상징이다. 그러나 이 비유의 핵심은 누구든지 모세에게 모세에게 하신 하나님의 말씀을 믿고 놋뱀을 본 자들은 모두 살아났음과 같이 그 누구라도 십자가에 달리신 예수께서 하나님의 아들 그리스도이심을 믿지 않으면 구원을 얻지 못한다는 계시이다.

아직도 사람들은 하나님이 역사하시는 모든 과정을 이해할 수 없다며 받아들이지 않는다. 또한 우리 역시 여전히 예수 그리스도를 믿는 것으로 어떻게 나의 죄가 깨끗케 되고 거듭나게 하는지를 설명하지 못한다. 다만 우리가 아는 것은 "하나님이 세상을 이처럼 사랑하사 독생자를 주셨으니 이는 저를 믿는 자마다 멸망치 않고 영생을 얻게 하려 하심이니라"(16) 기록하신 하나님의 말씀을 믿는 것이다.

그러므로 오늘 당신이 예수 그리스도께서 십자가에서 죽으심으로 당신의 죄에 대한 하나님의 심판을 담당하셨다는 것을 믿을 때 그는 당신의 삶의 주인이 되고, 당신은 하나님의 영으로 거듭난 새로운 피조물이 되어 하나님의 아들이 되며, 만국의 왕 그리스노의 형제가 되는 것이다. 이것이 천국의 열쇠이다.

[기도] 사랑하는 예수님, 우리는 아직도 주를 믿는 우리가 어떻게 구원되는 지를 알지 못합니다. 오직 내가 예수 그리스도를 믿는 것은 "저를 믿는 자마다 멸망치 않고 영생을 얻게 하려 하심이니라" 하신 주의 약속입니다. 예수 이름으로 기도합니다. 아멘.

[핵심성구]
1. 유대인 지도자 니고데모가 거듭나지 못한 이유는 무엇인가?
2. 당신은 어떻게 거듭났는가?
3. 당신은 무엇을 보고 믿는가?

영적 갈급함과 예배

(요한복음 4:24) 하나님은 영이시니 예배하는 자가 신령과 진정으로 예배할지니라

예수님과 사마리아 수가 여인과의 만남은 유대인 지도자 니고데모와 같이 요한복음에만 소개된 이야기이다. 여기서 우리가 주목해야 할 것은 3장에서 소개된 유대인 율법학자 니고데모와의 영적 비교이다. 또한 이들의 이야기는 예수님의 메시아이심을 나타내는 첫째 표적과 둘째 표적 사이에서 우리에게 매우 중요한 깨우침을 주는 메시지임을 알 수 있다.

예수께서 찾아간 사마리아 수가 우물은 조상 야곱이 요셉에게 준 땅에서 가까웠고 그곳에 야곱의 우물이 있어 행로에 지치신 예수께서 그 우물가에 앉아 쉬셨고 제자들은 먹을 것을 사러 동네로 들어갔다.

정오가 다 된 시간에 물 길으러 온 사마리아 여인에게 예수님은 "내게 물을 좀 달라" 청하셨다. 주님의 청에 당황한 사마리아 여인은 "당신은 유대인으로서 어찌하여 사마리아 여자인 나에게 물을 달라합니까?" 물었다. 이것으로 당시 유대인과 사마리아인들은 서로 적대감을 갖고 있었음을 알 수 있다.

그녀의 질문에 예수님은 "네가 만일 하나님의 선물과 또 네게 물 좀 달라하는 이가 누구인 줄 알았다면 네가 그에게 구하였을 것이요 그가 생수를 네게 주었으리라"(10) 답하셨다. 이는 나는 네게 하나님의 선물을 줄 수 있는 사람이고, 그 선물은 바로 네 영혼을 만족시킬 영적 생수라고 말씀하신 것이다.

예수께서 자신을 가리켜 하나님의 선물을 줄 사람이라고 말하자 여인은 "주여 물 길을 그릇도 없고 이 우물은 깊은데 어디서 이 생수를 얻겠삽나이까 우리 조상 야곱이 이 우물을 우리에게 주었고 또 여기서 자기와 자기 아들들과 짐승이 다 먹었는데 당신이 야곱보다 더 크니이까"(11,12) 물었다.

성경 지식이 없는 이방 여인이 예수님으로부터 생수라는 말씀을 듣자마자, 예수님을 주라 부르며 대화를 믿음의 조상 야곱에게 이끌고 간 것은 상당한 발전이 아닐 수 없다. 이것으로 그녀는 평소에 하나님에 대하여 깊은 관심을 갖고 있었음을 알 수 있다.

그녀의 질문에 주님은 "내가 주는 물을 먹는 자는 영원히 목마르지 아니하리니 나의 주는 물은 그 속에서 영생하도록 솟아나는 샘물이 되리라"(14) 말씀하셨다. 대화 속에서 사마리아 여인의 갈급한 영적 욕구를 아신 예수님은 그녀의 필요에 초점을 맞추어 답변하신 것이다.

주님의 말씀에 사마리아 여인은 거침없이 "주여 이런 물을 내게 주사 목마르지도 않고 또 여기 물길러 오지도 않게 하옵소서"(15)

간청하였다. 예수님은 단지 생수를 말했을 뿐인데, 이 여인의 요청은 상당히 도전적이다.

예수님은 여인에게 바로 응답하여 "가서 네 남편을 불러오라" 말씀하셨다. 이는 여인의 주권은 그 남편에게 있음을 뜻하신 것이다. 이에 여인은 "나는 남편이 없나이다" 답하였다. 그때 예수님은 바로 "네가 남편이 없다 하는 말이 옳도다 네가 남편 다섯이 있었으나 지금 있는 자는 네 남편이 아니니 네 말이 참되도다"(17,18) 말씀하셨다. 그녀가 비록 불의한 생활을 하였으나 위선없이 자신을 고백하였기에 네 말이 참되다고 지적하신 것이다.

그때서야 예수께서 선지자임을 자각한 사마리아 여인은 "우리 조상들은 이 산에서 예배하였는데 당신들의 말은 예배할 곳이 예루살렘에 있다 하더이다"(20) 여쭈었다. 그녀는 같은 조상을 근거로 하나님께 예배를 드리면서도 유대인들에게 비난받는 이유를 알고 싶었던 것이다.

예수님은 사마리아 여인의 질문에 대하여 "여자여 내 말을 믿으라 이 산에서도 말고 예루살렘에서도 말고 너희가 아버지께 예배할 때가 이르리라"(21) 말씀하시며, "너희는 알지 못하는 것을 예배하고 우리는 아는 것을 예배하노니 이는 구원이 유대인에게서 남이니라"(22) 응답하셨다. 주님은 예배는 장소가 아닌, 예배의 대상에 있음을 말씀하신 것이다.

오늘날도 정통교회로부터 이단시비를 받는 교회들 사이에는 신학적 논쟁과 함께 예배에 대한 시비가 끊이지 않는다. 사실 이것은 아담의 아들 가인과 아벨로부터 있었던 예배의 정통성 시비이다. 그러나 이 문제는 믿음의 본질이 눈에 보이는 현실 세계에서 하나님의 아들 그리스도를 아는 지혜에 이를 때 해결된다.

예수님은 현실의 한계 속에서 영적 갈급함으로 접근하는 사마리아 여인에게 "아버지께 참으로 예배하는 자들은 신령과 진정으로 예배할 때가 오나니 곧 이때라 아버지께서는 이렇게 자기에게 예배하는 자들을 찾으시느니라 하나님은 영이시니 예배하는 자가 신령과 진정으로 예배할지니라"(23,24) 깨우쳐 주셨다. 다시 말하여 하나님께 드리는 예배는 영적이고 진정한 마음이라야 한다는 말씀이다.

오늘 이 말씀을 대하는 우리는 어떠한가? 주 예수를 만난 당신은 니고데모와 같은 앞뒤가 막힌 벽창호일 수도 있고, 비록 세상에서는 손가락질 받으나 영적으로 갈급하여 주의 말씀을 사모하는 자일 수도 있다. 이 종말의 날에 부디 사마리아 여인의 은혜가 당신에게도 임하기를 기원한다.

[기도] 사랑하는 주님, 갈급한 나에게 생수로 충만케 하여 주시옵소서. 예수님 이름으로 기도드립니다. 아멘.

[핵심연구]
1. 사마리아 여인이 예배를 드리면서도 갈급한 이유는 무엇인가?
2. 주께서 말씀하신 생수는 무엇인가?

영적 각성

(요한복음 4:48) 예수께서 가라사대 너희는 표적과 기사를 보지 못하면 도무지 믿지 아니하리라

본문의 말씀은 4장 말미에 언급된 가나의 두번째 표적에서 죽어가는 아들을 살려달라고 애원하는 왕의 신하에게 하신 말씀이다.

2장 서두의 가나 혼인잔치에서 나타난 첫 번째 표적은 자기 인생에 예수 그리스도를 초청한 사람들에게 베푸신 예수 그리스도의 은혜라고 할 때, 4장 말미에 기록된 두 번째 표적은 사람의 신분과 종교를 막론하고 예수께서 하신 말씀을 믿을 때 시간과 공간을 초월하여 구원을 베푸신 예수 그리스도의 은혜이다.

오늘 주께서 나타내신 두번의 표적을 읽으면서 우리가 주목해야 할 것은 사도 요한이 2장 서두의 첫 번째 표적과 4장 말미의 두 번째 표적을 증거하며, 3장과 4장에서 예수 그리스도를 만난 두 사람을 통하여 우리에게 전하는 특별한 메시지이다.

그러므로 오늘 우리는 요한복음 3장과 4장에 기록된 메시지를 통하여 바람과 같이 역사하는 복음의 실체가 사람에게 어떻게 전달되며, 어떻게 활동하며, 또 어떻게 열매를 거두는가에 대한 복음

의 원리를 깨우쳐야 할 것이다.

요한복음 3장에서 저녁에 예수님을 찾은 사람은 유대인 지도자 니고데모이다. 그는 하나님을 믿으며, 이스라엘의 예배와 믿음의 역사와 율법을 익히 알며 또한 예수께서 행하신 많은 표적과 기사를 눈으로 보면서도 예수께서 메시아이심을 깨닫지 못한 사람이다.

그는 예수님으로부터 "사람이 거듭나지 아니하면 하나님 나라를 볼 수 없다"하신 말씀을 듣고서도 "사람이 늙으면 어떻게 날 수 있나요 두 번째 모태에 들어갔다가 날 수 있나요?"반문했다. 이에 주님은 그의 영적 사고를 넓히기 위해 "사람이 물과 성령으로 나지 아니하면 하나님 나라에 들어갈 수 없느니라"말씀하셨다.

그럼에도 니고데모가 깨닫지 못하자 주님은 "육으로 난 것은 육이요 성령으로 난 것은 영이니 내가 네게 거듭나야 하겠다 하는 말을 기이히 여기지 말라"(6,7) 말씀하셨다. 이는 믿음의 실체는 육이 아니라 영인 것을 말씀하신 것이다.

더 나아가 예수님은 "바람이 임의로 불매 네가 그 소리를 들어도 어디서 오며 어디로 가는지 알지 못하나니 성령으로 난 사람은 다 이러하니라"(8) 말씀하시어, 예수 그리스도를 믿지 않고서는 성령으로 거듭남을 이해할 수 없음을 깨우치셨다.

한편, 요한복음 4장에서 예수 그리스도를 만난 사마리아 여인은 야곱의 혈족으로, 하나님께 예배를 드리면서도 유대인에게 멸시를 받으며 의로운 삶을 살지 못하는 불륜녀로서 인생의 갈급함에 시달리는 여인이었다.

그녀는 우물가에서 만난 유대인 예수께서 자기에게 물을 달라하시며 하나님의 선물과 네게 물을 달라는 사람이 누구인줄 알았다면 그가 네게 생수를 주었을 것이라는 말씀을 듣자, 예수님의 실체에 깊은 관심을 갖고 한발 더 나아가 유대인과 사마리아 사람들 사이에 반목된 예배의 처소에 대하여 질문하기 시작했다.

그 결과 사마리아 여인은 예수님으로부터 "아버지께 참으로 예배하는 자들은 신령과 진정으로 예배할 때가 오나니 곧 이 때라 아버지께서는 이렇게 자기에게 예배하는 자들을 찾으시느니라 하나님은 영이시니 예배하는 자가 신령과 진정으로 예배할지니라"(23,24)는 예배의 본질에 대하여 깨우침을 받았다. (3장에 소개된 니고데모와는 전혀 다른 믿음의 발전이다.)

또한 요한복음 4장 말미에 가나의 두 번째 기적으로 소개된 사람은 왕의 신하로서 하나님을 믿지 않는다. 그는 헤롯 궁전의 관료로서 인생에서 부족함이 없는 이방인 귀족이다. 그런데 갑자기 가버나움에 사는 아들이 죽을 병에 걸린 것이다.

아들의 병을 고치기 위하여 첫번째 표적이 일어난 가나로 내려와 예수를 찾은 왕의 신하에게 예수님은 "너희는 표적과 기사를 보지 못하면 도무지 믿지 아니하리라"(48) 말씀하셨다. 이는 당시 이방인 관료들의 종교적 속성을 말씀하신 것이다.

그럼에도 왕의 신하는 굽히지 않고 "주여 내 아이가 죽기전에 내려 오소서" 간청하였다. 그 시대에 권세와 부를 가진 왕의 신하가 이단 괴수로 낙인 찍힌 목수의 아들 예수 앞에 읍소하고 애원하는 것은 쉽지 않은 일이다.

흥미롭게도 이 내용 바로 앞에는 사마리아에서 돌아 오신 예수께서 제자들과 함께 나사렛 고향을 방문한 일이 기록 되었다. 이때 주님은 친히 증거하시기를 "선지자가 고향에서는 높임을 받지 못한다"(44) 하시고 갈릴리로 발길을 돌리셨다.

이 상황의 설정을 볼 때, 주께서 태어나신 고향 사람들은 예수께서 행하신 이적들을 보면서도 그가 메시아이심을 믿지 않았는데 하물며 표적과 기사를 보지 않으면 설대로 믿지 못하는 왕의 신하는 "가라 네 아들이 살았다"하신 예수의 말씀을 믿었던 것이다. 그러므로 오늘 이 메시지는 표적과 기적을 보고 믿을 것인가, 주의 말씀을 듣고 믿을 것인가를 우리에게 묻고 있다.

니고데모는 부와 명예를 겸비한 유대인 지도자로서 율법적 고정관념에 사로잡혀 영적 거듭남의 필요성을 깨닫지 못하였다. 그러나 사마리아 여인과 왕의 신하는 예수를 만난 순간 쉽게 영적 세계로 의식전환을 할 수 있었다. 그들은 정신적으로, 육체적으로 감당할 수 없는 문제가 돌발 되었을 때 자신을 구원해 줄 초월자가 필요했던 것이다.

인생의 실패 원인 중 하나는 심령이 어떤 고정관념에 사로잡혀 앞을 내다보지 못하는 데 있으며 또 다른 하나는 생각이 자기 범위를 지나쳐 스스로 교만에 빠진 데 있다. 그러므로 사람이 장래를 향한 미래지향적 삶을 추구하려면 먼저 자신의 고정관념에서 새로운 지식으로의 '의식전환'(paradigm shift)이 되어야 한다. 그러나 이를 위해서는 눈에 보이는 관습 뿐이 아니라 영적 상황까지도 받아 드릴 수 있는 영적각성이 필요하다.

오늘 이 메시지를 대하는 당신은 어떤 사람인가? 하나님의 축복을 많이 받은 사람이라고 자부하는 니고데모인가? 아니면 혼탁한 세상 속에서 하늘로부터 오는 구원의 메시지가 필요한 사람인가?

[기도] 사랑하는 주님, 우리는 주님의 실체를 보지 못했습니다. 그럼에도 우리가 복음을 듣고 예수 그리스도를 믿을 때 하나님의 성령이 우리로 예수님을 보게 하셨습니다. 주님 나의 신령한 예배를 받아 주시옵소서. 예수님 이름으로 기도드립니다. 아멘.

[핵심연구]
1. 니고데모의 믿음의 모순은 무엇인가?
2. 사마리아 여인이 발견한 믿음은 무엇인가?
3. 왕의 신하가 발견한 믿음은 무엇인가?

무엇이 먼저인가?

(요한복음 5:14) 그 후에 예수께서 성전에서 그 사람을 만나 이르시되 보라 네가 나았으니 더 심한 것이 생기지 않게 다시는 죄를 범치 말라 하시니

오늘의 말씀은 우리가 모두 잘 아는 38년 된 병자의 이야기이다. 이 사건은 유대의 명절에 있었던 일로, 예수께서 38년 된 병자를 만난 곳은 예루살렘 양의 문 곁에 있는 베데스다 연못에 세워진 행각이다.

요한은 "그 안에 많은 병자 소경, 절뚝발이, 혈기 마른 자들이 누워 물이 동함을 기다리니 이는 천사가 가끔 못에 내려와 물을 동하게 하는데"라고 기록하였고, (동한 후에 먼저 들어가는 자는 어떤 병이 걸렸든지 낫게 됨이라)는 주석을 달아 놓았다. 정말로 천사가 내려온 것인지 아니면 때때로 활화산이 분출되는 온천인지는 알 수 없지만, 하나님을 믿는 유대인들에게도 이러한 기복 신앙이 있었음은 흥미로운 일이다.

예수님은 38년 된 병자를 보시고 이미 그의 병이 오랜 줄 아시고 그에게 "네가 낫고자 하느냐?"(6) 물으시니, 그 사람이 "주여 물이

동할 때에 나를 못에 넣어 줄 사람이 없어 내가 가는 동안에 다른 사람이 먼저 내려가나이다"(7) 대답하였다. 안타깝게도 그에게는 도와 주는 사람이 없었다. 이에 예수께서 그에게 "일어나 네 자리를 들고 걸어가라"(8) 하시니 그 사람이 즉시 나아서 자리를 들고 걸어갔다.

그런데 38년이나 누워 있던 사람이 병이 나아 일어났다면 기뻐하며 파티라도 해주며 그가 겪은 고통의 세월을 위로해 주어야 하는 것은 당연한 것임에도 유대인들은 안식일에 침상을 들고 가는 것이 옳지 못하다고 오히려 그를 책망하였다.

오늘 38년된 병자 이야기는 마가복음 2장에의 중풍병자의 이야기와 함께 대비하여 살펴볼 필요가 있다. 중풍병자의 경우 네 사람이 그를 들것에 메어 가버나움의 집에서 설교하고 계신 예수께 데리고 왔다. 그러나 그들이 도착했을 때는 사람들이 가득 차서 집안으로 들어설 수 없게 되자 그들은 지붕을 뜯어내고 병자를 침상 채 예수님 앞에 내려놓았다.

그때 예수님은 "저희의 믿음을 보시고 중풍병자에게 이르시되 소자야 네 죄 사함을 받았느니라"(막2:5) 말씀하셨다. 그런데 주의 말씀을 듣고 있던 서기관들이 "이 사람이 어찌 이렇게 말하는가 참람하도다 오직 하나님 한 분 외에는 누가 능히 죄를 사하겠느냐"(막 2:7) 수근되고 있었다. 유대인에게 있어 율법이란 사람을 살리는 것이 아닌 사람을 옭아매는 도구가 아닌가 싶다.

이때 예수께서 그들에게 "중풍병자에게 네 죄사함을 받았느니라 하는 말과 일어나 네 상을 가지고 걸어가라 하는 말이 어느 것이 쉽겠느냐"(막2:9) 반문하셨다. 여기서 "어느 것이 쉽겠느냐" 물으신 것은 "어느 것이 완전하냐"를 물으신 것이다. 그런데 흥미롭게도 예수께서 "네 상을 가지고 걸어가라 하는 말이 어느 것이 쉽겠느냐"하신 말씀은 오늘 본문의 38년 된 병자의 사건을 상기시키신 것이다.

마가복음 2장의 중풍병자나 요한복음 5장의 38년 된 병자들은 모두 죄와 관련되어 있다. 38년 된 병자는 병을 고치기 위해 그 오랜 해를 홀로 鬪병하며 천사가 임하기를 기다리고 있었다. 그의 집념은 병을 고치는데 있었다. 그러나 그는 자기 병을 고치시고 "침상을 들고 일어나라"하신 분이 누구인지 조차 모르고 있었다.

후일 주님은 안식일에 성전을 찾은 그에게 "보라 네가 나았으니 더 심한 것이 생기지 않게 다시는 죄를 범치 말라"(14) 경고하셨다. 그는 병은 고침을 받았어도 아직 죄가 해결되지 않은 것이다.

중풍병자는 자기를 돕는 사람들과 함께 예수님을 찾아왔다. 그를 본 주님은 어린아이가 아니었음에도 그에게 "소자야!" 부르셨다. 이는 그가 예수께서 하나님의 아들 그리스도이심을 믿고 찾아왔다는 뜻이다. 그는 자신이 죄인임을 인지하고 있었던 것이다.

중풍병자는 주께서 "죄 사함을 받았다"라는 말씀을 받고 즉시 죄 사함을 받았지만, 아직 그는 자리에 누워 있었다. 사람들 눈에는 아직도 그는 중풍병자였지만 그는 자신은 더 이상 병자가 아님을 알고 있었다. 자신의 죄가 해결되었음을 깨달았기 때문이다. 그러므로 그는 주께서 "일어나 네 상을 가지고 집으로 가라" 명하셨을 때 즉시 일어나 사람들과 더불어 하나님께 영광을 돌렸다.

오늘날도 우리 교회 주변에는 베데스다 연못들이 많이 있다. 사람들이 불치의 병에 걸리면 병원 찾다가 안 되면 기도원이며, 신유집회며, 치유은사에 이름 난 목사들을 찾아다닌다. 그들의 목적은 오직 어떻게 해서라고 병을 고치려는데 있다. 그들은 자기의 죄의 문제에는 전혀 관심 없다.

오늘 우리가 먼저 생각해야 할 것은 우리가 어떤 문제를 만났을 때 그 문제를 어떻게 해결할 것이냐가 중요한 것이 아니라 나의 문제의 원인이 무엇이며 해결하실 분이 누구인가를 아는 것이 중요하다. 그러므로 만약 당신의 이웃 중에 질병으로 고통받는 사람이 있다면 먼저 그가 죄인임을 알려 주어야 하며 그 병의 고침이 중요한 것이 아니라 죄의 사함을 받아야 함을 알려 주어야 할 것이다.

[기도] 사랑하는 주님. 폐암 말기의 나를 치유하여 내게 남은 시간을 주의 영광을 위해 살도록 하여 주심을 감사드립니다. 부디 아름다운 복음의 열매를 맺게 하여 주시옵소서. 예수님 이름으로 기도드립니다. 아멘.

[핵심연구]
1. 질병의 근본적인 원인은 무엇인가?
2. 38년 된 병자의 문제점은 무엇인가?
3. 유대인들의 문제점은 무엇인가?

생명의 부활 심판의 부활

(요한복음 5:28,29) 이를 기이히 여기지 말라 무덤 속에 있는 자가 다 그의 음성을 들을 때가 오나니 선한 일을 행한 자는 생명의 부활로, 악한 일을 행한 자는 심판의 부활로 나오리라

오늘날 이 땅에서 일어나는 일들을 보며 우리는 종말의 때가 심히 가까워 오고 있음을 실감하고 있다. 끊임없이 이어지는 전염병, 전 세계 각처에서 발생하는 지진과 홍수와 폭염 그리고 감당할 수 없는 기근, 거기에 언제 돌발될지 모르는 전쟁의 기운들... 그럼에도 사람들은 점점 교회에서 멀어지고 있고 또한 교회 역시 갈수록 세속화되어 영적 능력을 상실하고 있다.

오늘 본문에서 우리는 부활의 두 상황을 보게 되는데 먼저는 선한 일을 행한 자들의 생명의 부활이며, 다른 하나는 악한 일(PHAULOS_가치없는)을 행한 자들의 심판의 부활이다.

그러면 우리가 부활의 영광에 참여할 수 있는 길은 무엇인가? 세상에서 '선한 일'을 많이하면 되는 것인가? 아니다. 세상 사람들도 나름대로 선한 일을 많이 하고 있다. 어떤 재난이 있을 때 오히려 하나님을 믿는 사람보다 세상 사람들이 더 많은 관심과 구호에 참여하고 있다. 그러므로 여기서 언급된 '선한 일'이란 사회적으로 베푼 선한 일을 언급하신 것이 아니라 하나님의 아들 예수 그리스도와의 관계가 전제된 것이다.

그러므로 예수님은 이 말씀을 하시기 전에 이미 "내가 진실로 진실로 너희에게 이르노니 내 말을 듣고 또 나 보내신 이를 믿는 자는 영생을 얻었고 심판에 이르지 아니하나니 사망에서 생명으로 옮겼느니라"(24) 말씀하셨다. 여기서 주님은 너희가 누구의 말을 듣고 있느냐를 물으신 것이다.

또한 예수님은 그리스도를 영접하지 않는 유대인들을 향하여 "너희가 성경에서 영생을 얻는 줄 생각하고 성경을 상고하거니와 이 성경이 곧 내게 대하여 증거하는 것이로다 그러나 너희가 영생을 얻기 위하여 내게 오기를 원하지 아니하는도다"(39,40) 경고하셨다. 다시 말하여 영생을 바라며 성경을 연구하는 너희는 어찌하여 영생의 주체 그리스도의 말씀을 듣지 않느냐고 책망하신 것이다.

오늘 주께서 하신 말씀과 관련하여 성경에는 부활에 관한 말씀들이 많이 기록되어 있다. 다니엘 선지자는 죽은 자의 부활에 관하여 "땅의 티끌 가운데서 자는 자 중에 많이 깨어 영생을 얻는 자도 있겠고 수욕을 받아서 무궁히 부끄러움을 입을 자도 있을 것이며"(단12:2)라고 증거했다. 이 말씀은 이미 우리 중에서 성취되고 있는 말씀이다.

또한 사도 바울도 "주께서 호령과 천사장의 소리와 하나님의 나팔로 친히 하늘로 좇아 강림하시리니 그리스도 안에서 죽은 자들이 일어나고 그 후에 우리 살아남은 자도 저희와 함께 구름 속으로 끌어 올려 공중에서 주를 영접하게 하시리니 그리하여 우리가 항상 주와 함께 있으리라"(살전4:16,17) 증거하였다. 이 말씀은 예수 그리스도께서 다시 오실 때 우리 중에서 성취될 계시이다.

또한 계시록 기자는 "또 내가 보좌들을 보니 거기 앉은 자들이 있어 심판하는 권세를 받았더라 또 내가 보니 예수의 증거와 하나님의 말씀을 인하여 목 베임을 받은 자의 영혼들과 또 짐승과 그의 우상에게 경배하지도 아니하고 이마와 손에 그의 표를 받지 아니한 자들이 살아서 그리스도로 더불어 천년동안 왕노릇하니 (그 나머지 죽은 자들은 그 천년이 차기까지 살지 못하더라) 이는 첫째 부활이라"(계20:4-5) 계시하였다. 이 말씀은 이 땅에서 성취될 예수 그리스도의 왕국에 들어갈 사람들에 대한 계시이다.

오늘 이 말씀들을 대하는 당신은 어떠한가? 과연 성경에 기록된 성경의 말씀을 통하여 영생의 주, 부활의 주를 만나고 있는 것일까? 만약 지금이라도 성경의 말씀을 통하여 영생에 이르는 지혜를 얻기를 원한다면 주 예수 그리스도의 영광을 보게 될 것이다.

[기도] 사랑하는 주님, 영생을 사모하는 우리에게 부활의 영광을 예비해 주심을 감사드리며 예수님 이름으로 기도드립니다. 아멘.

[핵심연구]
1. 누가 생명의 부활로 나오는가?
2. 심판의 부활은 무슨 뜻인가?

오병이어의 교훈

(요한복음 6:9) 여기 한 아이가 있어 보리떡 다섯 개와 물고기 두 마리를 가졌나이다 그러나 그것이 이 많은 사람에게 얼마나 되겠삽나이까

요한복음 6장의 이야기는 갈릴리 디베랴 바다에서 펼쳐진다. 갈릴리 호수 서편 연안의 디베랴 성읍은 로마 제 2대 황제인 디베료를 기념하기 위해 세운 도시이다.

오늘 여기에 소개되고 있는 곧 오병이어의 기적은 예수님의 공생애 중 두 번째로 맞는 유월절 무렵에 있었던 일로서 사복음서에 모두 소개되고 있어 부활의 사건과 버금가는 내용이다(마14:10-15, 막6:28-31, 눅9:9-11).

5절에는 "예수께서 눈을 들어 큰 무리가 자기에게 나아 오는 것을 보시고 빌립에게 이르시되 우리가 어디서 떡을 사서 이 사람들을 먹게 하겠느냐 하시니 이렇게 말씀하심은 친히 어떻게 하실 것을 아시고 빌립을 시험코자 하심이라" 기록되었다. 그러므로 예수께서 행하신 일들은 어떤 일시적인 감정에 이끌려 행하신 것이 아니심을 알 수 있다.

주께서 빌립을 시험하시고자 하셨다는 말씀 속에서 우리는 그동안 하나님의 아들 예수 그리스도와 함께 생활하며 하나님의 아들로부터 친히 가르침을 받고 또 많은 이적들을 체험한 제자들의 영적 상태를 시험한 것이라 볼 수 있다.

빌립은 안드레와 한 동네 벳새다에 사는 친구로서 예수께서 "나를 따르라" 부르실 때 거침없이 제자가 된 관찰력과 판단력이 뛰어난 현실주의자이다. 그는 주의 부르심을 받고 친구 나다나엘을 찾아가 '모세가 율법에 기록하였고 여러 선지자가 기록한 그이를 우리가 만났으니 요셉의 아들 나사렛 예수니라"(요1:45) 증거한 바 있다.

또한 예수께서 하나님께 돌아가실 것을 예고하셨을 때 "주여, 아버지를 우리에게 보여 주십시요 그리하면 족하겠습니다"(요 14:8) 말한 바 있다. 그러므로 예수께서 다른 제자들을 제쳐 두고 빌립을 시험하신 것은 그가 남보다 뛰어난 지략과 현실적 판단력을 가졌기 때문일지도 모른다.

예수님으로부터 특별한 질문을 받은 빌립은 "각 사람에게 조금씩 받게 할지라도 이백 데나리온의 떡이 부족하리이다"(7) 답하였다. 그 당시 노동자의 하루 품삯이 한 데나리온이라 할 때 이백 데나리온은 수십 년을 모아야 할 큰돈이다. 빌립의 대답은 정확했다. 보편적인 사람들의 생각이다.

그때 매사에 신중한 베드로의 동생 안드레가 예수께 나아와 "여기 한 아이가 있어 보리떡 다섯 개와 물고기 두어 마리를 가졌는데 그러나 그것이 이 많은 사람에게 얼마나 되겠습니까?"(9) 제안하였다. 여기서 한 아이란 나이 어린 소년을 말한다. 만여 명이 넘는 군중들 속에서 단 한 명의 어린아이가 보리떡 다섯 개와 물고기 두어 마리를 내어놓았다는 것은 주목할만하다.

떡 다섯 개와 물고기 두 마리를 받으신 예수님은 사람들을 그룹별로 앉게 하신 후 떡을 들어 축사하시고 저희의 원대로 나누어 주셨는데 그 수효가 남자들만 오천쯤 되었고(눅9:15), 예수께서 제자들에게 남은 것을 거두고 버리는 것이 없도록 하라 명하시니 거둔 것이 열두 바구니에 찼다고 기록되었다.

후일 예수님은 "바리새인들의 누룩과 헤롯의 누룩을 조심하라" 하신 말씀을 이해하지 못하는 제자들에게 "내가 빵 다섯 개를 오천 명 가운데서 떼어 줄 때에 너희가 조각을 가득히 담아 몇 바구니나 거두었느냐?" 물시니 제자들이 제자들은 "열두 바구니입니다" 답하였다,

주님은 다시 "일곱 개를 사천 명 가운데서 떼어 줄 때에 너희가 조각을 가득히 담아 몇 바구니나 거두었느냐?" 물으시니 제자들이 "일곱 광주리입니다" 답하였다. 이때 주님은 "너희가 아직도 깨닫지 못하느냐?"(막 8:19-21) 책망하셨다.

흥미로운 것은 주께서 누룩과 관련하여 이 질문을 하신 것이라서 제자들의 답변에 대해 오히려 "너희가 아직도 깨닫지 못하느냐?" 반문하시고 그에 대한 아무런 해석도 하시지 않은 것이다. 그러므로 어쩌면 이것은 후일 이 말씀을 대하는 복음의 제자들의 몫으로

남긴 것이 아닌가 싶다. (마가복음핵심강해 8장 참조).

오늘 우리는 오병이어의 말씀 속에서 하나님의 아들 메시아 앞에서 오직 하늘로부터 오는 표적을 구하는 부류와 관찰력과 판단력이 빠른 현실주의자의 속성과 자기 목숨과도 같은 보리떡 다섯 개와 물고기 두 마리를 거침없이 내놓은 한 어린아이의 순종과 불가능 속에서 가능성을 찾는 제자를 발견한다.

오늘 요한은 오병이어의 메시지를 통하여 우리에게 그리스도를 믿는 너희는 어떤 부류이냐, 표적을 바라는 현실주의자이냐, 아니면 너의 목숨을 다 내놓을 수 있는 순종의 종이냐를 묻고 있다.

[기도] 사랑하는 주님. 우리는 하나님을 믿으면서도 현실적 감각으로 살려고 합니다. 눈에 보이는 모든 것 속에 주님의 은혜와 사랑이 있음에도 우리는 당면한 문제에 대하여는 현실주의자가 됩니다. 우리에게 영적 깨우침을 주소서. 예수님 이름으로 기도드립니다. 아멘.

[핵심연구]
1. 수많은 유대인들이 예수를 찾는 목적은 무엇인가?.
2. 빌립과 안드레의 믿음의 다른점은 무엇인가?
3. 오병이어에 담긴 메시지의 뜻을 설명하라.

진리의 갈등

(요한복음 6:63) 살리는 것은 영이니 육은 무익하니라 내가 너희에게 이른 말이 영이요 생명이라

본문의 말씀은 오병이어의 기적과 관련된 말씀이다. 오병이어의 기적은 예수 그리스도께서 하나님의 아들이심을 나타내신 대표적인 표적으로 하나님의 아들 예수 그리스도를 증거하는 사복음서에 모두 기록되었다. 그러나 당시 사람들은 오병이어가 주는 복음적 메시지에는 관심이 없었다. 그들 눈앞에 펼쳐진 놀라운 기적에 넋을 잃고 예수님을 억지로 왕으로 삼으려는 움직임까지 일어났다(요6:15).

오늘날 우리는 어떠한가? 복음서에 기록된 오병이어의 기적을 읽으며 우리는 무엇을 생각하는가? 예수 그리스도는 창조자 하나님의 아들로서 무엇이든지 하실 수 있는 우리의 주님이라고 경탄을 금치 못한다. 그러나 오병이어가 우리에게 주는 교훈은 무엇이냐 물으면 우리는 말문이 막혀 버린다.

요한은 다른 복음서와는 달리, 예수 그리스도께서 이 땅에서 행하신 모든 일들을 하나하나의 사건으로 치부하지 않고 그 행하신 모든 일들 속에서 하나님의 아들 예수 그리스도의 실체를 드러내는 데 힘을 썼다. 그러므로 요한은 "오직 이것을 기록함은 너희로 예수께서 하나님의 아들 그리스도이심을 믿게 하려 함이요 또 너희로 믿고 그 이름을 힘입어 생명을 얻게 하려 함이니라"(요20:31) 증거하였다.

예수님은 오병이어의 사건 이후 나타난 사람들의 반응에 대하여 "너희가 나를 찾는 것은 표적을 본 까닭이 아니요 떡을 먹고 배부른 까닭이로다"(26) 말씀하시며 다시 "썩는 양식을 위하여 일하지 말고 영생하도록 있는 양식을 위하여 하라 이 양식은 인자가 너희에게 주리니 인자는 아버지 하나님의 인치신 자니라"(27) 말씀하셨다. 이 말씀은 예수께서 행하신 표적을 보고서도 예수님을 대하는 태도가 바뀌지 않고 오직 먹고 배부른데 관심을 쏟는 하나님의 백성에 대한 안타까움에서 하신 말씀이다.

예수님의 말씀을 듣고서야 자신들이 택하신 하나님의 백성임에도 무엇을 해야 할 것인지를 알지 못해, 주께 "우리가 어떻게 하여야 하나님의 일을 하오리이까"(28) 물었다. 이에 주님은 "하나님의 보내신 자를 믿는 것이 하나님의 일이니라"(29) 말씀하셨다. 이 말씀은 복음의 본질을 말씀하신 것이다. 만약 하나님의 보내신 자 그리스도께서 없다면 우리의 믿음 또한 무익하고 허망한 것이다.

예수님은 "내가 곧 생명의 떡이니라"(48) 말씀하신 후 "나는 하늘로서 내려온 산 떡이니 사람이 이 떡을 먹으면 영생하리라 나의 줄 떡은 곧 세상의 생명을 위한 내 살이로라 하시니라"(52) 하시고 다시 "인자의 살을 먹지 아니하고 인자의 피를 마시지 아니하면 너희 속에 생명이 없느니라"(53) 말씀하셨다. 이 말씀을 들은 유대인들은 서로 다투며 "사람이 어찌 능히 자기의 살을 우리에게 주어 먹게 하겠느냐"(52) 격분하였다.

이에 주께서 "내 살을 먹고 내 피를 마시는 자는 영생을 가졌고 마지막 날에 내가 그를 다시 살리리니 내 살은 참된 양식이요 내 피는 참된 음료로다"(54,55) 말씀하시니 제자 중에서도 "이 말씀은 어렵도다 누가 들을 수 있느냐"(60) 하며 수군대기 시작했다. 여기서 어렵다는 헬라어는 'Skandalon'으로 오늘날 스캔들과 동의어다. 스캔들은 내용을 온전히 알지 못할 때 발생하는 가십이다.

예수님은 하나님의 백성 유대인들이 예수 그리스도의 가르침을 받아드리지 못하는 이유를 말하여 "내 말이 너희 속에 있을 곳이 없으므로 나를 죽이려 하는도다"(37) 하셨다. 이 말씀은 그들이 택하신 백성임에도 하나님의 말씀을 배우지 못하여 성경에 계시된 하나님의 아들에 대한 지식이 없으므로 예수님을 무조건 거부하는 기이한 현상을 지적하신 것이다.

또한 주님은 자기를 받아들이지 못하는 두번 째 이유를 말하여 "너희가 내 말을 깨닫지 못하느냐 이는 내 말을 들을 줄 알지 못함이로다"(43) 하셨다. 이는 진리에 대한 영적 무지를 책망하신 것이다. 만약 그들이 성경을 배워 하나님의 뜻을 이해할 수 있었다면 능히 예수 그리스도의 가르침을 받아들였을 것이기 때문이다.

흥미롭게도 59절에는 "이 말씀은 예수께서 가버나움 회당에서 가르치실 때에 하셨다" 기록되었다. 따라서 이 말씀은 거리에서 복음을 선포한 것이 아니라 오병이어의 기적의 체험하고 예수님께 가르침을 받으러 먼 길을 찾아온 무리들에게 복음의 본질에 대하여 강론하신 것이다. 그러나 예수 그리스도의 제자가 되기 위해 따르던 사람들조차도 "이 말씀은 어렵도다 누가 들을 수 있느냐" 하며 하나둘씩 돌아섰다.

오늘 예수님 앞에 모여 생명의 말씀을 들은 사람들은 세 부류이다. 먼저는 예수 그리스로부터 부름을 받은 제자들이며, 두 번째 무리는 오병이어의 기적을 체험하고 예수를 왕으로 삼고자 했던 사람들이며, 세 번째는 처음부터 예수 그리스도를 믿지 않은 자들이다. 주님은 그들을 가리켜 "너희 중에 믿지 아니하는 자들이 있느니라 하시니 이는 예수께서 믿지 아니하는 자들이 누구며 자기를 팔 자가 누군지 처음부터 아심이러라"(64) 말씀하셨다. 이제 우리는 어느 부류에 속하는가 생각해 보아야 할 것이다.

[기도] 사랑하는 주님, 우리가 세상에서 무엇으로 만족할 수 있겠습니까? 사망의 죄속에 살아가는 우리가 무엇으로 영생을 얻겠습니까? 생명의 말씀으로 우리의 영혼을 채워 주시옵소서. 예수님 이름으로 기도드립니다. 아멘.

[핵심연구]

1. 믿는 자에게 진리의 갈등이 생기는 이유는 무엇인가?
2. 오병이어의 기적은 무엇을 뜻하는가?
3. 스캔달은 왜 생기는가?

생수의 강

(요한복음 7:37,38) 누구든지 목마른 자들은 내게로 와서 마시라 나를 믿는 자는 성경에 이름과 같이 그 배에서 생수의 강이 흘러 나리라

유대인들은 초막절이 되면 7일 동안 가족들과 함께 길가에 초막을 짓고 밤을 지새며, 낮에는 금주전자를 멘 제사장들의 행렬을 따라 실로암 못으로 내려가 주전자에 물을 가득 담아 성전으로 올라가며 시편118편 할렐루야를 찬송했다.

정오가 되어 제사장 행렬이 성전 마당에 이르러 주전자의 물을 바닥에 쏟아 절정을 이룰 때 군중들은 갈증을 간접적으로 해소하며 조상들이 광야에서 목말라할 때 반석에서 물을 내신 하나님을 기리며 "여호와의 이름으로 오는 자가 복있음이여 우리가 여호와의 집에서 너희를 축복하였도다"(시118:26) 노래하였다.

초막절 축제 끝날 8일째에는 물주전자 행렬은 없었다. 그 날에 백성들은 7일간 이어진 금주전자 행렬을 상기하며 마지막 날 정오에 성전에 모여 명절을 축복하는 대제사장의 메시지를 듣는다.

이때 예수께서 군중 가운데 일어서 "누구든지 목마른 자들은 내게로 와서 마시라 나를 믿는 자는 성경에 이름과 같이 그 배에서 생수의 강이 흘러나리라” 외치셨다.

예수님은 분명하게 “성경에 이름과 같이”라고 말씀하셨다. 이 말씀은 이사야 선지자를 통하여 “너희 목마른 자들아 물로 나아오라 돈 없는 자도 오라 너희는 와서 사 먹되 돈 없이 값없이 와서 포도주와 젖을 사라”(사55:1)하신 말씀을 상기시킨 것이다. 그러나 성경에 기록된 말씀들은 택하신 하나님의 백성들에게 생수가 되지 못한 채 그들은 여전히 종교활동에 빠져 있었다. 그 이유는 무엇일까?

우리는 먼저 하나님께서 인간을 창조하셨을 때 영과 혼과 육으로 지으시어 마치 소삼위일체를 이루게 하시고 영과 혼과 육의 각기관에 생명의 요소를 공급하게 하셨다. 그러므로 몸을 이루는 육체는 배를 통하여 물과 음식물을 소화하여 온몸에 그 양분을 보내어 생명의 피와 육체의 에너지를 공급한다.

또한 사람은 혼의 기관이 있어 지식들을 터득하고 체험하며 세상을 살아가는 지혜를 얻으며, 또 영적 기관을 통하여 하나님을 알게 되고 영들의 역사를 인지하고 교통하게 된다. 그러므로 우리의 육체과 혼과 영은 각 기관을 움직이는 생명의 요소를 공급해야 한다. 그렇지 않으면 배고프고, 메마르며, 갈급하게 된다.

성경은 수천년 동안 영적 지식으로 보전되어 사람들에게 가르쳐왔다. 이를 통하여 사람은 하나님을 아는 지식으로 차서 하나님을 경외하고 몸과 마음을 다해 예배를 드리게 된다. 그러나 하나님의 택한 사람이라도 진리의 말씀을 터득하지 못한다면 영적 지혜를 얻지 못하여 소경처럼 우왕좌왕하게 될 것이다. 그러므로 주께서 "살리는 것은 영이니 육은 무익하니라" 말씀하신 것이다.

단편적으로 하나님의 백성 이스라엘 사람들이 메시아를 고대하며 수천년동안 성전을 중심으로 예배를 드려 왔다. 그러나 정작 그들이 하나님의 아들 예수 그리스도를 만나 많은 가르침을 받고 또 이적을 체험하면서도 그가 하나님의 아들이심을 알지 못하고 마귀 들렸다고 배척한 것은 그들에게 영적 지혜가 없었기 때문이다. 그 이유는 그들이 성경 말씀을 듣지 못하여 진리를 깨닫지 못하였기 때문이다.

그러므로 예수님은 하나님의 말씀을 맡은 유대 지도자들을 향하여 "화 있을진저 너희가 하나님의 지식의 열쇠를 가지고 있으면서 너희도 들어가지 않고 또 들어가려는 사람들을 막았느니라"(눅11:52) 책망하셨으며, 바울도 "네가 율법에 있는 지식과 진리의 규모를 가진 자로서 소경의 길을 인도하는 자요 어두움에 있는 자의 빛이요"(롬2:19) 증거하였다.

흥미롭게도 사도 요한은 예수께서 외치신 생수의 강의 메시지를 가리켜 "이는 그를 믿는 자의 받을 성령을 가리켜 말씀하신 것이라" 기록하며 [예수께서 아직 영광을 받지 못하신 고로 성령이 아직 저희에게 계시지 아니하시더라]는 주석을 달았다. 이것으로 우리는 성경에 기록된 하나님의 모든 계시의 말씀은 예정하신 복음의 때를 따라 역사하심을 알 수 있다.

그렇다면 오늘날 주 예수의 죽으심과 부활하심으로 성령을 선물로 받은 주의 성도들이 갈급해 하며 하늘의 지혜를 깨닫지 못하는 것은 무엇 때문일까? 이는 바울이 증거한 것처럼 그리스도를 믿는 것과 아는 것에 충만한 지식을 터득하지 못했기 때문이다. 다시 말하여 그리스도에 대한 성경 지식이 없으니 영적 지혜를 얻지 못하는 것이다.

그러므로 아모스 선지자는 "주 여호와께서 가라사대 보라 날이 이를지라 내가 기근을 땅에 보내리니 양식이 없어 주림이 아니며 물이 없어 갈함이 아니요 여호와의 말씀을 듣지 못한 기갈이라"(암 8:11) 경고하였다.

오늘날 당신의 믿음의 상황은 어떠한가? 성경의 말씀을 듣고 있는가? 가르침을 받고 있는가? 성경에 이르심과 같이 배에서 생수가 흐르고 있는가?

[기도] 사랑하는 예수님, 우리에게 성경의 말씀으로 충만케 하여 내 안에 생수의 강이 넘쳐 흐르게 하소서. 예수님의 이름으로 기도드립니다. 아멘.

[핵심연구]
1. 초막절은 무엇을 기념하는 날인가?
2. 예수께서 말씀하신 생수는 무엇을 말씀하신 것인가?
3. 믿는 당신이 갈급한 이유는 무엇인가?

누가 정죄할 수 있는가?

(요한복음 8:11) 대답하되 주여 없나이다 예수께서 가라사대 나도 너를 정죄하지 아니하노니 가서 다시는 죄를 범치 말라 하시니라)

요한복음 8장은 구조상 7장 말미로부터 연결되어 있다. 우리 성경은 (7장53절로부터 8장 11절)까지 괄호로 묶어 어떤 성경 사본이 포함하지 않은 것을 주석하였다. 그러나 가장 오래된 번역본 킹 제임스 성경에 이 내용이 수록되어 있고 또 초대교회 교부들도 이 내용들을 인용한 것으로 보아 우리는 그대로 믿어야 할 것이다.

오늘 우리가 살펴볼 요한복음 8장은 죄에 대한 인간의 사고와 복음적 해답을 다루고 있다. 특별히 예수님은 하나님의 백성 이스라엘 속에 나타난 인간의 죄에 대한 율법적 모순을 성경을 통하여 조명하셨다.

요한복음 8장 서두에는 "다 각각 집으로 돌아가고 예수는 감람산으로 가시니라" 기록되었다. 이것으로 초막절 축제 후의 일임을 알 수 있다. 예수께서 감람산으로 가신 것은 그곳은 예루살렘이 가깝고 그곳에는 사랑하는 나사로의 가족 마르다와 마리아가 살고 있어 늘 제자들과 머무시던 곳이기 때문이다.

아침이 되어 예수님은 다시 성전으로 들어오셨다. 그때 서기관과 바리새인들이 간음 중에 잡힌 여인을 끌고 와서 무리 가운데 세우고 예수께 "선생이여 이 여자가 간음하다가 현장에서 잡혔습니다. 모세는 율법에 이러한 여자를 돌로 치라 명하였거늘 선생은 어떻게 말하겠습니까?"(4,5)하고 예수를 고소할 기회를 얻고자 시험을 하였다.

만약 예수께서 간음한 여인을 죄없다 말하면 율법에 기록된 "간음하지 말지니라"(출20:14)하신 제7 계명을 스스로 범하는 것이요, 만약 율법대로 돌로 쳐 죽이라 하면 로마법에는 유대인들에게 사람을 죽이지 못하도록 규정되었기 때문에 유대인의 눈의 가시같은 예수를 모함하기에 아주 좋은 계책이었다.

그러나 그들의 시험은 이중 인격적인 모습을 그대로 갖고 있었다. 율법에 "남자가 유부녀와 통간함을 보거든 그 통간한 남자와 그 여자를 둘 다 죽여 이스라엘 중에 악을 제할지니라"(신22:22) 기록되었으므로 만약 이들이 간음 중의 여인을 잡았다면 남자도 함께 데리고 왔어야 했다.

유대인들의 마음을 익히 아시는 예수님은 아무 말씀도 하시지 않고 몸을 굽혀 무엇인가 손가락으로 땅에 쓰시기 시작하시니 유대인들이 계속 추궁하였다.

이에 예수님은 그들을 향하여 "너희 중에 죄 없는 자가 먼저 돌로 치라"(7) 하시고 다시 몸을 굽혀 손가락을 땅에 쓰시기 시작하시니 "저희가 이 말씀을 듣고 양심의 가책을 받아 어른으로 시작하여 젊은이까지 하나씩 하나씩 나가고 오직 예수와 그 가운데 섰는 여자만 남았다"(9).

양심은 이 땅의 사람들 마음속에 두신 하나님의 저울이다. 그러므로 바울은 "그 양심이 증거가 되어 그 생각들이 서로 혹은 송사하며 혹은 변명하여 그 마음에 새긴 율법의 행위를 나타내느니라"(롬2:15) 증거하였다.

양심에 가책을 받은 사람들이 하나둘씩 떠나가 버리자 그곳에는 예수님과 여인만 남게 되었다. 죄 없으신 하나님의 아들 예수님 한 분이 간음한 여인의 죄에 대하여 논하게 된 것이다.

예수님은 그녀에게 "여자여 너를 고소하던 그들이 어디 있느냐 너를 정죄한 자가 없느냐"(10) 물으셨다. 여자는 "주여 없습니다" 대답하였다. 이에 주님은 "나도 너를 정죄하지 아니하노니 가서 다시는 죄를 범치 말라"(11) 말씀하셨다.

여기서 주님은 여인의 죄를 묵인한 것이 아니라 다시는 죄를 범하지 않는 것에 초점을 두셨다. 또한 주님은 "나도 너를 정죄하지 아니하노니 가서 다시는 죄를 범치 말라" 말씀하심으로 죄는 누가 고소하므로 성립되는 것이 아니라 누구라도 죄를 지으면 정죄 받은 것임을 깨우치셨다.

앞에서 예수님은 간음한 여인에게 "다시는 죄를 짓지 말라" 말씀하셨다. 그러나 죄성을 가진 인간이 어떻게 죄를 짓지 않을 수 있는가 하는 의문은 지울 수 없다. 그러므로 주님은 "나는 세상의 빛이니 나를 따르는 자는 어두움에 다니지 아니하고 생명의 빛을 얻으리라"(12)선언하시어 사람이 어떻게 죄를 짓지 않을 수 있는가에 대한 성경적 진리를 말씀하셨다.

오늘날 간음한 여인에 대한 내용이 동성애를 반대하는 집회에서 많이 사용되고 있다. 그들은 죄는 미워하나 사람은 미워하지 말아야 한다고 말하고 또 우리도 동성애자들을 사랑한다고도 말한다. 그런데 그들의 설교를 들어 보면 동성애자들은 지옥에 간다라는 말로 장식하고 있다. 물론 그것은 성경적 증거이다. 그러나 죄를 정죄하는 설교는 복음이 아니다. 복음은 동성애자들을 용서하고 그들에게 동성애의 죄를 씻을 수 있는 진리의 말씀을 가르치는 것이 그리스도의 사랑이요 은혜이다.

[기도] 사랑하는 주님. 우리에게 생명의 빛되신 진리의 말씀을 주셔서 감사합니다. 우리가 더욱 진리의 말씀을 깨달아 온전한 생명을 얻게 하여 주시옵소서. 예수님 이름으로 기도드립니다. 아멘.

[핵심연구]
1. 유대인의 시험의 목적은 무엇인가?
2. 유대인들이 양심에 가책을 받은 이유는 무엇일까?
3, 누가 죄를 정죄할 수 있는가?
4. 어떻게 죄를 짓지 않을 수 있는가?

세상의 빛 생명의 빛

(요한복음 8:12) 나는 세상의 빛이니 나를 따르는 자는 어두움에 다니지 아니하고 생명의 빛을 얻으리라

빛은 어둠을 밝힌다. 또 세상을 밝히고 어두운 마음과 생각을 밝히고 또 진리를 깨닫지 못하는 사람들의 영혼을 밝힌다. 그러므로 이사야 선지자는 메시아의 시대를 소망하며 "흑암에 행하던 백성이 큰 빛을 보고 사망의 그늘진 땅에 거하던 자에게 빛이 비취도다"(사9:2) 증거하였다.

만약 당신이 예수 그리스도를 당신의 주로 영접한다면 당신은 하나님의 자녀가 되는 권세를 얻고 당신의 영혼은 그의 빛을 받아 죄의 생활에서 나와 밝은 빛 가운데 살게 될 것이다. 그러므로 성경은 "그가 우리를 흑암의 권세에서 건져내사 그의 사랑의 아들의 나라로 옮기셨으니 그 아들 안에서 우리가 구속 곧 죄사함을 얻었도다"(골1:13-14) 증거하였다.

사실 이스라엘 백성들은 택하심 속에서 이미 하나님을 알 수 있도록 마음을 열어 하나님의 계시에 속한 천국의 비전을 주셨으며, 하나님의 백성으로 살아갈 계명과 율법을 주어 의로운 삶을 살게 하셨다. 그러므로 그들이 하나님께서 조상들로부터 말씀하신 성경을 상고해 보았다면 능히 예수 그리스도의 실체를 깨달을 수 있고 오늘 예수께서 하신 말씀을 충분히 이해할 수 있었을 것이다.

그러나 하나님을 믿는 바리새인들은 예수님의 말씀을 받아들이지 않았다. 그들의 믿음은 율법적 근거와 종교적 의식에 매여 있어 예수께서 말씀하신 영적, 계시적 암시의 말씀을 이해할 수 없었던 것이다. 그러므로 요한은 "빛이 어두움에 비취되 어두움이 깨닫지 못하더라"(요1:5) 증거하였다.

영적 혼란은 제자들에게서도 마찬가지였다. 주님은 아버지께 돌아가실 때가 가까워지자 제자들에게 "내 아버지의 집에는 거할 곳이 많으니 내가 너희를 위하여 처소를 예비하러 가노라"(요14:2) 말씀하셨다.

이때 빌립은 주의 말씀을 미처 깨닫지 못하여 "주여 주께서 어디로 가시는지 알지 못합니다" 대답하였다. 이와 같이 하늘에 속한 계시는 인간의 사고로 접근할 수 없다. 더욱이 세상의 물리적 질서를 초월하여 말씀이 육신되어 이 땅에 오신 예수 그리스도의 실체를 이해할 수 없는 것은 당연하다.

오늘날 우리도 믿지 않는 사람들과 예수 그리스도를 논할 때 상당히 곤란함을 느낄 때가 있다. 우리는 알고 있는 것을 말하고, 그들은 세상의 한계 속에서 생각하기 때문에 우리가 전하는 말들을 이해할 수 없기 때문이다. 또한 우리 믿음 생활 속에서 믿는 사람들과 성경을 논할 때 그들이 우리가 말하는 바를 이해하지 못할 때가 있다. 이는 그들이 성경을 배우지 못하여 그 접근 방법을 알지 못하여 진리 속에 역사하는 성령의 인도를 받지 못하기 때문이다.

그러므로 베드로는 "우리에게 더 확실한 예언이 있어 어두운 데 비취는 등불과 같으니 날이 새어 샛별이 너희 마음에 떠오르기까지 너희가 이것을 주의하는 것이 가하니라"(벧후1:19) 증거하였다. 이는 성경은 영적 깨달음이 있기까지 성경 예언의 해석에 주의해야 한다는 경계의 메시지이다.

또한 사도 요한은 "너희는 주께 받은바 기름 부음이 너희 안에 거하나니 아무도 너희를 가르칠 필요가 없고 오직 그의 기름 부음이 모든 것을 너희에게 가르치며 또 참되고 거짓이 없으니 너희를 가르치신 그대로 주 안에 거하라"(요일2:27) 증거하였다. 이와 같이 영적 지혜는 예수 그리스도를 알 때 주어지는 생명의 빛이다.

[기도] 사랑하는 주님, 진리의 말씀을 주시어 날마다 생명의 빛을 보게 하심을 감사드립니다. 예수님 이름으로 기도합니다. 아멘.

[핵심연구]
1. 주께서 말씀하신 세상의 빛은 무엇인가?
2. 생명의 빛은 무엇을 말씀하신 것인가?

누가 소경인가?

(요한복음 9:39) 예수께서 가라사대 내가 심판하러 이 세상에 왔으니 보지 못하는 자들은 보게 하고 보는 자들은 소경되게 하려 함이라 하시니

세상 사람들은 세상을 살아가는 지혜를 사람들과의 관계에서 얻고자 한다. 그로하여 사람들은 서로 좋은 평판을 갖고자 혈맥과 출신을 통한 인맥을 구축하고 인격의 가치를 도모하기 위하여 세상 학문을 넓히고 이념과 사상을 조율해 나간다.

또한 사회가 발달되고 복잡해지면서 사람들의 평판의 기준은 그 사람의 내면적 가치나 공공의 가치로 판단하기 보다는 개인의 탁월한 수단과 능력을 통하여 두각을 나타내고 있다. 그러나 아직도 누가 타고날 때부터 보편적 가치의 결함을 갖고 있다고 하면 그를 바라보는 사람들의 시각은 공평성을 잃고 만다.

물론 오늘날이야 장애인의 인권을 보호하고 그 누구도 인격을 모욕할 수 없도록 제도화되었다. 그러나 이러한 제도는 인권을 중시하고자 하는 사회적 여론의 합의에서 돌출한 것이지 아직도 장애인들을 바라보는 개개인의 시선이 곱지 못한 것은 사실이다. 세상이 이처럼 사람의 인격에 대한 이중잣대를 갖는 것은 생명의 가치를 사람들의 기준에 두고 있기 때문이다.

세상 사람들은 그렇다 치고, 오늘날 하나님의 형상과 모양대로 창조하신 사람의 생명의 고귀함을 깨달아 그의 사랑의 실천을 최고의 선으로 아는 하나님의 교회는 과연 어떠한가?

물론 교회를 통하여 숭고한 그리스도의 사랑이 끊임없이 실천되어 왔지만 오늘날 우리가 직면하고 있는 복음사역은 제도적 방편으로 치부되고 있는 실정이다. 다시 말하여 성경이 말하는 복음적 사랑의 실천보다는 명분과 제도적 장치를 갖고 있을 뿐이다. 교회의 이런 모습은 예수께서 몸소 실천하신 그리스도의 사랑과는 전혀 다른 것이다.

교회가 이러한 모순을 갖는 것은 자신이 다른 사람과 동일한 죄인이라는 관점에 서 있지 않고 자신의 믿음은 다른 사람과는 다른 특별한 복을 받은 사람이라는 위선적 생각을 가졌기 때문이다. 이것이 바로 성경이 말하는 위선적 바리새인들의 모순이기도 하다.

우리가 믿는 예수님은 그 생애를 세상에서 가장 소외받은 사람들과 함께 하시며 그들의 질병과 약한 것을 고치시고 사람들 속에 역사하는 귀신들을 쫓으셨다.

마가는 예수께서 "광야에서 사십 일을 계셔서 사단에게 시험을 받으시며 들짐승과 함께 계시니 천사들이 수종들더라"(막1:13) 증거하였다. 그러므로 오늘날 예수 그리스도의 교회는 누가 사단이며, 누가 들짐승이며, 누가 천사인지 깊게 음미해야 할 것이다.

오늘 예수께서 "너희가 소경되었더면 죄가 없으려니와 본다고 하니 너희 죄가 그저 있느니라" 경고하신 것은 하나님을 믿으며 예배하면서도 그 아들 예수 그리스도를 불신하던 바리새인들에게 하신 말씀이다. 주님은 그들을 향해 "내가 심판하러 왔으니 보지 못한 자들은 보게 하고 보는 자들은 소경이 되게 하려 함이라"(39) 말씀하셨다.

또한 주님은 자기를 믿는 유대인들을 향하여 "너희가 내 말에 거하면 참 내 제자가 되고 진리를 알지니 진리가 너희를 자유케 하리라"(요8:31,32) 말씀하셨다. 주께서 이 말씀을 하신 것은 그들이 예수를 믿으면서도 전혀 변하지 않았기 때문이다. 그 이유는 자신들은 이미 하나님을 믿으며 모든 것을 잘 알고 있다고 생각하기 때문이다. 제발 나와 함께 주를 믿는 사람들 중에는 이런 사람들이 없었으면 좋겠다.

[기도] 나의 사랑 예수님! 세상 바닥에서 신음하는 나를 구원하시어 눈을 뜨게 하심을 감사드립니다. 내 영의 눈을 열어 주를 보게 하시고 주의 눈으로 낮은 곳을 보게 하소서. 예수님 이름으로 기도드립니다. 아멘.

[핵심연구]
1. 세상이 사람을 판단하는 기준은 무엇인가?
2. "보는 자들이 소경되게 하신다"는 말씀은 무슨 뜻인가?

선한 목자

(요한복음 10:14,15) 나는 선한 목자라 내가 내 양을 알고 양도 나를 아는 것이 아버지께서 나를 아시고 내가 아버지를 아는 것 같으니 나는 양을 위하여 목숨을 버리노라

성경에 하나님과 그의 백성을 나타내는 가장 대표적인 비유는 양과 목자이다. 액자에 걸린 양과 목자의 평화로운 그림을 보고 있노라면 그것이 무엇을 뜻하는지는 삼척동자도 잘 알고 있다. 이처럼 성경은 하나님과 그의 백성을 양과 목자로 묘사하고 있다.

물론 이스라엘 백성이 아니라도 그 당시 중동지역에 사는 사람들에게 양은 가족의 생계를 지켜주는 중요한 가축이었다. 그러나 이스라엘 백성에게 있어 양과 목자의 이야기는 조상으로부터 민족의 정기를 이어주는 믿음의 표상이다.

특별히 모세의 율법에 명시된 유월절은 유대인의 삼대 명절 중 가장 큰 명절로서 하나님의 백성을 애굽으로부터 구원하신 하나님의 어린양의 피의 대속을 기원으로 하고 있다. 그러므로 이스라엘 민족에게 양과 목자의 이야기는 그들의 신앙의 토대이며 택한 민족의 위대함을 자랑하는 근거이다.

그런데 흥미롭게도 본문 6절에는 "예수께서 이 비유로 저희에게 말씀하셨으나 저희는 그 하신 말씀이 무엇인지 알지 못하니라" 기록되었다. 예수께서 하신 말씀은 다름 아닌 양과 목자로 예수님과 이스라엘의 관계를 설명하신 것인데도 그들은 그 말씀이 무슨 말씀인지 알지 못하였다는 것이다.

어쩌면 그들은 예수께 말씀을 들을 때 "도대체 이 양반이 우리에게 무슨 이솝 이야기를 하는 건가?" 비웃었을지 모른다. 그러나 예수께서 말씀하신 양과 목자의 이야기는 우화도 아니고 소설도 이다. 바로 이스라엘과 예수 그리스도의 관계를 비유로 하신 말씀이다. 그러므로 오늘 이 말씀은 우리도 귀담아들어야 할 내용이다.

오늘 예수께서 말씀하신 비유는 두 가지로 전개된다. 먼저 주님은 양의 목자에 대하여 말씀하셨다. 여기서 예수님은 양의 우리와 문지기를 언급하시며 하나님의 백성 이스라엘을 다루시는 하나님의 섭리 곧 양과 목자의 관계를 설명하셨다.

양들은 자생능력이 없어 목자 없이는 스스로 생존하지 못한다. 그래서 양들에게 좋은 꼴과 물을 먹이지 못하면 양들이 우리를 파헤쳐 엉망이 된다. 오늘날 교회 안에 분열이 나는 이유가 모두 이러한 원리라고 생각해야 한다.

또한 이스라엘에는 공동체 안에는 공동 우리가 있어 양들의 목자들이 자기 양을 공동 우리에 넣어두면 문지기가 관리한다. 문지기는 양의 목자의 얼굴을 알기 때문에 아침에 문을 열어주고, 목자는 자기 양들의 이름을 불러내어 양들 앞서 나가 초장으로 인도한다. 그러므로 여기서 비유한 문지기는 예언자 그리고 세례 요한과 같이 메시아를 증거하던 선지자들이며 목자는 예수 그리스도이시다.

두 번째로 주님은 '나는 양의 문'이라 말씀하셨다. 이는 마을에서 멀리 떨어진 초장의 임시 우리이다. 돌로 담을 두르고 한쪽에 입구를 터 두었다.

밤이 되어 미처 마을로 들어가지 못하면 양들을 이곳에 넣고 목자가 입구 쪽에 가로 누워 스스로 문이 되어 이리와 같은 짐승들로부터 양들의 생명을 지킨다. 그러므로 주께서 '나는 선한 목자'라고 말씀하신 것은 양의 생명이 목자로부터 말미암고 또 보장된다는 원리를 설명하신 것이다.

그러므로 주님은 "나는 선한 목자라 선한 목자는 양들을 위하여 목숨을 버리거니와 삯군은 목자도 아니요 양도 제 양이 아니라 이리가 오는 것을 보면 양을 버리고 달아나나니 이리가 양을 늑탈하고 또 헤치느니라"(요10:11,12) 말씀하신 것이다.

오늘날 우리 교회는 어떠한가? 목사들은 모두 하나님으로부터 부름받은 예수 그리스도의 종으로 하나님의 양들의 생명을 기키기 위하여 좋은 꼴과 물을 먹이며, 밤이면 양의 문이 되어 늑대와 이리로부터 양들의 생명을 지키는가? 그렇다면 세간에 회자가 되는 교회의 분열은 무엇이며, 대형교회의 세습 문제라던가 교회의 재정 비리와 같은 일은 왜 일어나는가?

예수님은 "나더러 주여 주여 하는 자마다 다 천국에 들어갈 것이 아니요 다만 하늘에 계신 내 아버지의 뜻대로 행하는 자라야 들어가리라"(마7:21) 말씀하셨다. 그러므로 오늘 삯군과 참 목자의 메시지는 우리 교회사에 매우 중요한 말씀이다.

[기도] 사랑하는 예수님, 나의 목자가 되시어 어둠의 세력에서 나를 지켜 주시니 감사드립니다. 주께서 나의 이름을 기억하셨사오니 내가 목자의 목소리를 잊지 않게 하옵소서. 예수님의 이름으로 기도드립니다. 아멘.

[핵심연구]
1. 목자는 양의 이름을 안다는 뜻은 무엇인가?
2. 양이 목자의 목소리를 안다는 것은 무슨 뜻인가?
3. "내가 양의 문이라"는 말씀은 무슨 뜻인가?
4. 삯군은 누구를 비유하신 말씀인가?

인생의 낮과 밤

(요한복음 11:9,10) 예수께서 대답하시되 낮이 열두 시간이 아니냐 사람이 낮에 다니면 이 세상의 빛을 보므로 실족하지 아니하고 밤에 다니면 빛이 그 사람 안에 없는 고로 실족하느니라

우리말에 '일장춘몽'이란 말이 있다. 인생의 좋은 시절이 모두 봄날의 꿈과 같다는 말이다. 그러므로 전도자는 "만물의 피곤함을 사람이 말로 다 할 수 없나니 눈은 보아도 족함이 없고 귀는 들어도 차지 아니하는도다"(전1:8) 증거하였다.

밤이 되고 낮이 오는 것은 한 번도 멈추지 않았던 창조의 질서다. 인생이 원하든 원하지 않든 해는 지고 밤이 되며, 밤이 지나면 다시 아침 해가 뜬다. 그럼에도 우리는 가끔 자기 인생에 대하여 회의를 갖는다. 힘써 일하는 사람이나 삶의 희락을 낚는 사람이나 인생은 덧없이 흘러가기 때문이다.

어떤 사람들은 인생이 해를 따라 돌고 돈다고도 말한다. 이런 말은 무엇인가 찬스를 잡으려는 사람들에게는 위로가 되는 말이기도 하지만, 모든 인생은 뜨고 지는 해 아래서 수고를 해야 한다. 이는 거역할 수 없는 창조자의 섭리다.

이를 말하여 전도자는 우리에게 "일하는 자가 그 수고로 말미암아 무슨 이익이 있으랴 하나님이 인생들에게 노고를 주사 애쓰게 하신 것을 내가 보았노라"(전3:10) 전하였다.

이제 내 나이 칠십이 훨씬 넘은 지금, 지는 해그늘 사이로 나직하게 비취는 햇살의 자락을 바라보고 있노라면 지난 세월들이 봄날 하루 볕 같다. 내가 무엇을 하고 살았는가, 지난 날들을 생각할수록 남은 것은 후회와 상처뿐이다.

일찍이 나의 귀가 복이 있어 "사람이 여러 해를 살면 항상 즐거워할지로다 그러나 캄캄한 날이 많으리니 그날을 생각할지로다 장래일은 다 헛되도다"(전11:8)하신 지혜자의 음성을 들을 수 있었다면 지난 인생이 이처럼 허무하지는 않았을 것이다.

오늘 예수님은 제자들에게 "낮이 열두 시간이 아니냐 사람이 낮에 다니면 이 세상의 빛을 보므로 실족하지 아니하고 밤에 다니면 빛이 그 사람 안에 없는고로 실족하느니라" 말씀하셨다. 여기서 주님은 우리에게 낮과 밤에 대한 성경적 고찰을 요구하신 것이다.

이 땅의 모든 인생에게는 공평한 시간이 드리워져 있다. 밤으로 시작된 인생이든, 낮으로 시작된 인생이든, 인생의 낮과 밤은 각각 열두 시간이다. 이 정해진 시간과 공간 속에서 인생들이 희노애락을 겪는다. 그러나 빛이 있는 시간은 오직 낮 열두 시간 동안이다. 이 시간은 바꿀 수 없는 창조자의 결정이다.

나는 서른 살에 예수를 믿고 43살이 되어 주 예수 그리스도를 만났다. 그때 나는 주께 "내가 서른 살에 주를 믿었음에도 흑암의 세월을 살았고, 12년이나 지난 마흔세 살이 되어서야 새사람이 되었으니 그 이유가 무엇입니까?" 물었다. 그때 주께서 "낮이 열두 시간이 아니냐, 일 년이 열두 달 아니냐, 내가 이스라엘 열두 부족을 사랑했노라" 대답해 주셨다. 죄인 된 나의 인생이 그리스도의 섭리 가운데 있었다는 말씀이다.

중요한 것은 한 시든, 여섯 시든, 혹은 열한 시든, 시점은 큰 문제가 되지 않는다. 낮의 시간에 들어온 사람은 모두 영생이 보장되어 있기 때문이다. 이것이 하나님의 은혜요, 주의 사랑이다.

성경은 우리에게 "너는 청년의 때 곤고한 날이 이르기 전 나는 아무 낙이 없다고 할 해가 가깝기 전에 너의 창조자를 기억하라"(전 12:1) 권고하였다. 이 말씀이 내가 아는 모든 사람들에게 기억되기를 기도한다.

[기도] 사랑하는 주님, 내가 서른이 되어서 주의 빛을 보았으나 사십이 넘어서야 주의 이름을 알았습니다. 이것이 큰 은혜로소이다. 해질 무렵에 방황하는 나를 일꾼으로 부르셨으니 내게 베푸신 시간들을 헛되지 않게 하옵소서. 예수님 이름으로 기도드립니다. 아멘.

[핵심연구]
1. 예수께서 말씀하신 '낮 열두 시간'은 무엇을 뜻하신 것인가?
2. '사람이 밤에 다닌다'는 것은 무엇을 말씀하신 것인가?

영광을 얻으실 때

(요한복음 12:23) 예수께서 대답하여 이르시되 인자가 영광을 얻을 때가 왔도다

언제부턴가 우리나라는 봄, 여름, 가을, 겨울의 사계절 경계가 없어진 느낌이다. 봄이 왔는가 싶으면 어느새 여름의 무더운 열기가 극성을 부리고 가을이 되었나 싶으면 어느새 겨울의 찬 기운이 뼛속으로 스며든다.

혼란스러운 것은 비단 사계절뿐이 아니다. 오랜 고통을 겪고 수립한 대한민국의 국시가 자유 대한민국인지 사회주의 체제인지 구분이 되지 않는다. 옛날 같으면 빨갱이로 몰려 구속될 사람들이 국회에까지 들어가 애국가를 부인하며 김일성 주체사상을 찬양하는 세상이 되고 말았다.

그러면 영적 혼란은 어떠한가? 이단 종교들은 차치하고 왕되신 예수 그리스도의 오심을 염원해야 할 기독교까지 휴거를 부인하며 그리스도의 재림과 함께 펼쳐질 천년왕국을 부인한다. 그렇다면 무엇 때문에 그들은 그렇게 열심히 예수를 믿는 것인지 이해가 안 된다.

흥미롭게도 본문 요한복음 12장에는 예배하러 올라온 사람 중에 헬라인 몇이 갈릴리 벳새다 사람 빌립에게 가서 "선생이여 우리가 예수를 뵈옵고자 하나이다"(21) 청하였다.

이에 빌립이 안드레에게 가서 말하고 안드레와 빌립이 예수께 가서 말씀드리니 예수께서 "인자의 영광을 얻을 때가 왔도다"(23) 대답하셨다. 어떻게 보면 선문답 같은 느낌이 든다.

예수님 뵙기를 청하는 헬라인들을 보며 십자가의 죽음을 목전에 두신 예수께서 다른 말씀없이 "인자의 영광을 얻을 때가 왔도다" 답하신 이유는 무엇일까? 그 이유는 유대 명절을 지키러 온 헬라인들에게 철없던 제자들이 선생으로 불림을 받았기 때문이다.

그들도 예수님과 그 제자들은 출교된 것을 알고 있었을 것인데, 제자 중에 영적 깨우침이 가장 늦은 빌립을 '선생'이라고 불렀으니 이방인 눈에 제자들이 랍비와 같이 보였다는 것이다. 더구나 늘 경솔했던 제자 빌립이 매사에 신중한 안드레에게 가서 그 일을 논의하는 것을 본 주님은 "이제 내가 떠나도 되겠구나!" 생각하셨던 것이다.

이 말씀을 하신 후 주님은 "한 알의 밀이 땅에 떨어져 죽지 아니하면 한 알 그대로 있고 죽으면 많은 열매를 맺느니라"(24) 말씀하시며, "자기의 생명을 사랑하는 자는 잃어버릴 것이요 이 세상에서 자기의 생명을 미워하는 자는 영생하도록 보전하리라"(25) 말씀하셨다. 이는 복음의 제자들이 사람들에게 스승으로 존경받는 것보다, 복음을 위하여 목숨을 버릴 각오가 되었는지를 염려

하신 것이다.

오늘 이 말씀들은 어쩌면 하늘 높은지 모르고 높아져 가는 교회의 위상과 유명 목사들을 향하신 경고의 말씀이 아닌가 싶다. 과연 우리는 세상 사람들 눈에 존경받는 목사로 보일 것인지 아니면 삯 군처럼 보일 것인지 깊이 생각해 보아야 할 것이다.

[기도] 사랑하는 주님, 나로 하여 예수 그리스도의 복음을 위해 목숨을 버릴 각오로 헌신하게 하소서. 나의 제자들이 세상 사람들의 눈에 보이게 하소서. 예수님 이름으로 기도드립니다. 아멘.

[핵심연구]
1. "인자가 영광을 받을 때가 왔도다" 하신 이유는?
2. 빌립과 안드레의 믿음의 차이는 무엇인가?
3. 당신의 믿음은 어떤 상태인가?

사랑의 무한책임

(요한복음 13:1) 유월절 전에 예수께서 자기가 세상을 떠나 아버지께로 가실 때가 이른 줄 아시고 세상에 있는 자기 사람들을 사랑하시되 끝까지 사랑하시니라

사람에게 가장 슬픈 일은 사랑하는 사람과의 이별이다. 더구나 사랑하는 사람을 두고 세상을 떠나야 할 때 그 슬픔은 이루 말할 수 없을 것이다. 예수께서도 친구처럼 사랑하신 나사로의 죽음 앞에 눈물을 흘리셨다.

만약 당신이 오늘 이 땅에서 하던 일을 끝내고 곧 세상을 떠나야 한다면, 당신은 그 마지막 순간에 무엇을 할 것인가? 그것은 말할 것 없이 사랑하는 사람들과 온전한 사랑을 나누는 일일 것이다.

만약 당신이 일생일대의 숙원을 이루고 세상을 떠나야 한다면, 그 마지막 순간에 당신이 해야 할 일은 무엇이겠는가? 그것은 당신이 이룩한 위대한 기업을 자식들을 통해 영원히 보전케 하기 위한 일일 것이다.

요한은 이런 상황에 처하신 예수님의 심경을 말하여 "예수께서 자기가 세상을 떠나 아버지께로 가실 때가 이른 줄 아시고 세상에 있는 자기 사람들을 사랑하시되 끝까지 사랑하시니라" 기록하였다. 여기서 '끝까지'라는 말은 최대한의 책임 한계를 뜻한다. 다시 말하여 사랑의 무한책임을 말씀하신 것이다.

요한복음 13장 본문에는 예수께서 제자들의 발을 손수 씻기신 세족식 이야기가 기록되었다. 여기서 우리는 예수께서 자기 사람들을 끝까지 사랑하셨다는 의미를 찾아 보아야 한다.

주께서 손수 제자들의 발을 씻기신 것은 두 가지 의미가 내포되어 있다. 먼저는 주님과의 관계를 벗어나 세상의 유혹을 따라 자기의 길을 가면 안 된다는 가룟 유다의 교훈이다. 가룟 유다는 사도로 부름받은 자로서 돈궤에 마음을 두었기 때문이다.

그러므로 베드로가 "주여 내 발뿐이 아니라 손과 머리도 씻어 주소서"(9) 말했을 때 주께서 "이미 목욕한 자는 발 밖에 씻을 필요가 없느니라 온 몸이 깨끗하니라 너희가 깨끗하나 다는 아니니라"(10) 말씀하신 것이다. 여기서 '이미 목욕한 자'란 세속적인 것을 벗고 성령으로 거듭난 헌신된 제자를 가리키신 것이다.

또 하나의 의미는 예수께서 친히 제자들의 발을 씻기시며 "내가 주와 또는 선생이 되어 너희 발을 씻겼으니 너희도 서로 발을 씻기는 것이 옳으니라 내가 너희에게 행한 것같이 너희도 행하게 하려 하여 본을 보였노라"(13,14) 하신 말씀 속에서 찾을 수 있다.

주님은 여기서 발을 씻길 대상과의 관계를 설명하시며, 주와 선생인 내가 너희 발을 씻겼으니 제자 된 너희도 서로 발을 씻기는 것이 섬김의 본이라고 말씀하셨다.

이 말씀은 장차 제자들의 시대의 일을 언급하신 것이다. 장차 제자들이 각자 자기 사역에 열심하는 중에 이곳저곳 다니며, 이 사람 저 사람 만나다 보면 발이 더러워질 수 있다. 아무리 애를 써도 목회가 안 되면 여기저기 기웃거리며 성경의 길을 떠나 사람의 길을 찾으려 하기 때문이다. 그래서 발이 더러워질 때에 제자들이 서로 발을 닦아 주라는 말씀이다.

끝으로 주님은 제자들에게 "새 계명을 너희에게 주노니 서로 사랑하라 내가 너희를 사랑한 것같이 너희도 서로 사랑하라 너희가 서로 사랑하면 이로써 모든 사람이 너희가 내 제자인 줄 알리라"(34,35) 말씀하셨다. 우리가 예수 그리스도의 제자인 것을 증명하는 것은 서로 사랑하는 것이다. 이것이 끝까지의 사랑이다.

오늘 주께 부름받은 우리는 무엇을 사랑할 것인가 생각해야 할 것이다. 만약 돈을 사랑한다면 당신은 가룟 유다가 될 것이다. 만약 세상을 사랑한다면 바울의 제자였던 데마와 같을 것이다. 그러나 당신의 형제가 실족하지 않도록 사랑한다면 당신은 그리스도의 기쁨이 될 것이다.

[기도] 사랑하는 예수님, 나도 주님을 따라 내게 주신 사람들을 끝까지 사랑하겠습니다. 예수님의 이름으로 기도드립니다. 아멘.

[핵심연구]
1. 자기 사람들을 끝까지 사랑하셨다는 말씀은 무슨 뜻인가?
2. 가룟 유다의 실패의 원인은 무엇인가?

영혼의 근심

(요한복음 14:1) 너희는 마음에 근심하지 말라 하나님을 믿으니 또 나를 믿으라

예수님의 죽음 앞에 선 제자들의 가장 근 근심은 자신들의 영혼에 관한 것이었다. 예수님과 함께 메시아 왕국을 꿈꾸던 제자들은 조상 대대로 믿어 오던 유대교로부터 출교를 당한 터라 그들은 죽어서도 열조를 따라 아브라함의 품으로 들어갈 수 없는 존재들이 되었기 때문이다.

예수님은 "하나님을 믿으니 나를 믿으라" 말씀하셨지만 3년 동안 열심히 주를 섬기며 그리스도의 왕국을 소망해 왔던 메시아되신 예수께서 이방인에게 팔려 십자가에 못 박혀 죽게 될 것이라는 주님의 말씀에 그들은 무엇을 어떻게 해야 할지 길이 보이지 않았다.

오늘 주님은 영혼의 처소를 상실한 제자들에게 "내 아버지 집에 거할 곳이 많도다 그렇지 않으면 너희에게 일렀으리라 내가 너희를 위하여 처소를 예비하러 가노니 가서 너희를 위하여 처소를 예비하면 내가 다시 와서 너희를 내게로 영접하여 나 있는 곳에 너희도 있게 하리라"(2,3) 말씀하시며, 다시 "내가 가는 곳에 그 길을 너희도 알리라"(4) 말씀하셨다.

그러나 제자들은 이단 괴수로 십자가에 못 박혀 죽임을 당하실 예수께서 아버지의 집에 먼저 가서 너희의 처소를 준비하시겠다는 말씀을 도저히 받아들일 수 없었다. 그러므로 도마가 나서서 "주여 어디로 가시는지 우리가 알지 못하거늘 그 길을 어찌 알겠습니까?"(5) 반문한 것이다.

도마의 질문에 예수님은 "내가 곧 길이요 진리요 생명이니 나로 말미암지 않고는 아버지께로 올 자가 없느니라"(6) 말씀하셨다. 이는 세상을 살아가는 삶의 방법과 영혼의 목표 곧 영생의 길을 말씀하신 것이다.

그러나 제자들은 이 말씀을 도저히 이해할 수 없었다. 지금까지는 메시아이신 예수께서 자신들의 삶의 길이요 진리요 생명이셨지만, 주께서 이제 곧 죽임당하는 마당에 그들에게 더 이상 하나님은 보이지 않았기 때문이다.

그러므로 빌립이 일어나 "주여 아버지를 우리에게 보여 주옵소서 그리하면 족하겠나이다"(8) 말하였다. 이에 주님은 "빌립아 내가 이렇게 오래 너희와 함께 있으되 네가 나를 알지 못하느냐 나를 본 자는 아버지를 보았거늘 어찌하여 아버지를 보이라 하느냐"(9) 책망하셨다.

물론 예수께서 말씀하신 '아버지의 집' 곧 '너희를 위하여 예비할 처소'는 말할 것도 없이 믿음의 조상 아브라함을 따른 열조들의 본향이다(히11:14-16). 후일 히브리서 기자는 이곳을 말하여 예수께서 단번에 들어가신 '성소'(히9:12)라고 기록하였고, 베드로는 "우리 주 곧 구주 예수 그리스도의 영원한 나라"(벧후1:11)라고 증거하였다.

오늘 우리 믿는 자들은 모두 그 처소가 어딘지 알고 있고 우리 모두 그곳에 들어가고자 믿음의 경주를 하며 또 믿지 않는 자들에게 복음을 전하고 있다. 그런데 3년 동안 하나님의 아들 예수 그리스도로부터 친히 천국 복음을 공부한 사도들이 주께서 하신 말씀을 깨닫지 못하였다는 것은 도무지 이해가 안 된다.

사람은 자기가 인지한 지식과 삶의 체험 속에서 생각의 범위가 설정되기 때문에 이성의 한계를 넘어서지 못한다. 그러므로 주님은 제자들이 깨달을 수 있는 몇 가지 믿음의 영적 요소를 말씀하셨다.

먼저 "내가 아버지 안에 있고 아버지께서 내 안에 계심을 믿으라 그렇지 못하겠거든 행하는 그 일을 인하여 나를 믿으라"(11) 말씀하셨다. 이는 오직 하나님만이 행하실 수 있는 일들을 예수께서 행하셨음을 자각하라는 말씀이다.

두 번째로 말씀하신 것은 기도이다. 주님은 "내 이름으로 무엇이든지 내게 구하면 내가 시행하리라"(14) 말씀하셨다. 기도만이 우리가 하나님과 예수님을 만나고 소통할 수 있는 유일한 통로이기 때문이다.

세 번째로 주님은 "너희가 나를 사랑하면 나의 계명을 지키리라"(15) 말씀하셨다. 그리하면 진리의 영이신 보혜사 성령이 우리와 함께하시고 또 우리 안에 계시어 우리에게 모든 것을 가르치시고 주께서 말씀하신 모든 것을 생각나게 하시기 때문이다.

오늘날 우리는 세상의 끝에 살아가고 있다. 기근과 전염병과 전쟁이 끊이지 않는 가운데 교회는 갈수록 힘을 잃어가고 악한 영들은 우리의 믿음생활의 영역을 공격하고 있다.

이처럼 혼돈된 세상에서 하나님 나라의 영광을 바라보는 우리가 넉넉히 이길 수 있는 길은 무엇일까? 그것은 오직 영원하신 하나님의 아들 예수 그리스도와의 관계 속에서 이룰 수 있다. 예수께서 우리의 길이요 진리요 생명이시기 때문이다.

[기도] 예수님, 나의 영혼의 처소를 예비해 주심을 감사드립니다. 우리가 이 땅에 살아 있는 동안 오직 주의 가르치심 속에서 성령의 능력을 얻게 하여 주시옵소서. 예수님 이름으로 기도드립니다. 아멘.

[핵심연구]
1. 제자들의 근심은 무엇이었는가?
2. "내가 다시 와서 너희를 영접한다"는 말씀은 무슨 뜻인가?
3. "내가 길이요 진리요 생명"이라 하신 말씀은 무슨 뜻인가?

보혜사 성령의 도우심

(요한복음 14:16,17) 내가 아버지께 구하겠으니 그가 또 다른 보혜사를 너희에게 주사 영원토록 너희와 함께 있게 하시리니 저는 진리의 영이라 세상은 능히 저를 받지 못하나니 이는 저를 보지도 못하고 알지도 못함이라 그러나 너희는 저를 아나니 저는 너희와 함께 거하심이요 또 너희 속에 계시겠음이라

예수님은 아버지께 떠나실 때가 이르러 제자들에게 처음으로 보혜사 성령에 대하여 말씀하셨다. 예수께서 보혜사 성령에 대하여 이제야 말씀하시는 것은 제자들은 세상에 남고 지금까지 그들의 보호자이셨던 주께서는 떠나셔야 했기 때문이다.

성령에 관한 진리는 제자들에게나 우리에게나 생소한 하늘에 속한 영역이다. 그는 오감으로 체감할 수 있는 과학이나 물질의 영역이 아니며 오직 믿음의 영역에서 인지할 수 있는 영적 존재이기 때문이다.

오늘 본문에서 예수께서 말씀하신 보혜사 성령은 헬라어 '파라클레토스'(Parakletos)로서 문자적으로 '도움을 주기 위해 부름을 받은 사람' 곧 변호사, 중보자, 조언자의 역할을 뜻한다.

오늘 주님은 성령을 소개하여 먼저 "저는 진리의 영이라" 하셨다. 이 말씀은 성령은 영이시나 이성적이고 지식적이고 도덕적인 인격의 소유자이심을 언급하신 것이다. 다시 말하여 진리의 지식이신 포괄적인 인격을 말씀하신 것이다. 그러므로 예수께서 내가 길이요 진리요 생명이신 것은 오직 믿는 자들만이 알 수 있다고 말씀하신 것이다.

또한 주님은 "저는 너희와 함께 하시고 너희 속에 계시겠음이라" 하셨다. 여기서 '함께'라는 헬라어 'PARA'는 '옆에 있는 상태'를 뜻한다. 또한 '속에'라는 헬라어 'EN'은 우리 안으로 들어와 있는 상태를 뜻한다. 다시 말하여 그가 우리 옆에서 또한 우리의 영 안으로 들어가 우리의 영혼을 깨우쳐 그리스도의 형상을 닮아가도록 가르치고 인도하는 것이다.

계속하여 주님은 제자들에게 "내가 너희를 고아와 같이 버려두지 아니하고 너희에게 오리라"(18) 하셨다. '고아와 같이'라는 말씀은 제자들이 주와 함께 하지 않으면 결국 고아와 같다는 뜻이다.

또한 주님은 제자들에게 "조금 있으면 세상은 나를 보지 못할 터이로되 너희는 나를 보리니 이는 내가 살았고 너희도 살겠음이라 그날에 내가 아버지 안에 너희가 내 안에 내가 너희 안에 있는 것을 너희가 알리라"(19,20) 말씀하셨다. 이는 주의 죽으심과 부활을 언급하신 것이다. 그날이 이르면 아버지께서 그리스도 안에 계시고 예수님과 제자들이 한 지체가 된 것을 깨닫게 될 것이라는 말씀이다.

끝으로 주님은 보혜사 성령의 도우심과 부활의 영광에 참여할 자격을 말하여 "나의 계명을 가지고 지키는 자라야 나를 사랑하는 자니 나를 사랑하는 자는 내 아버지께 사랑을 받을 것이요 나도 그를 사랑하여 그에게 나를 나타내리라"(21) 말씀하셨다. 이는 주를 사랑하는 자 곧 영광에 참여할 자의 책임과 의무를 말씀하신 것이다.

그러므로 주님은 제자들에게 "사람이 나를 사랑하면 내 말을 지키리니 내 아버지께서 저를 사랑하실 것이요 우리가 저에게 와서 거처를 저와 함께 하리라"(23) 말씀하시며, "너희의 듣는 말은 내 말이 아니요 나를 보내신 아버지의 말씀이니라"(24) 하셨다.

오늘 이 말씀을 대하는 우리는 어떠한가? 우리가 매일 주를 사랑한다고 말하면서 주께서 말씀하신 성경의 진리를 지키지 않는다면 과연 우리는 주께서 예비하신 나라에 들어갈 수 있을까 생각해야 할 것이다.

[기도] 사랑하는 예수님, 나에게 성령을 보내주심을 감사드립니다. 성령이 함께하시고 나의 속에 계시어 진리의 말씀을 깨닫게 하셨으니 이제 나로 하여 주께서 하신 모든 말씀을 지키게 하옵소서. 예수님 이름으로 기도드립니다. 아멘.

[핵심연구]
1. 또 다른 보혜사를 보내신다는 뜻은 무엇인가?.
2. 너희와 함께 하며, 너희 속에 계심이라는 말씀을 설명하라.

평안의 문

(요한복음 14:27) 평안을 너희에게 끼치노니 곧 나의 평안을 너희에게 주노라 내가 너희에게 주는 것은 세상이 주는 것 같지 아니하니라 너희는 마음에 근심도 말고 두려워하지도 말라

수년전 중국 우한에서 시작된 코로나 바이러스로 온 세계가 몸살을 앓고 있다. 백신이 나왔지만 계속 변이 바이러스가 출현하여 이제는 일상생활 속에서 코로나와 싸워야 하는 시대가 되었다.

또한 러시아의 우크라이나 침공으로 전 세계는 고환율, 고물가와 전쟁을 치르게 되었고, 연일 들려오는 지진과 홍수와 폭염의 공포와 기근의 소식들은 종말의 날을 방불케 한다. 그만큼 계시록의 시대가 가까웠다는 뜻이다.

오늘과 같은 혼란과 고통의 세월 속에서 인류는 무엇으로 평안한 삶을 이룰 수 있을까? 재물과 권세로써 얻을 수 있는 것일까? 그러나 동서고금 인류 역사 속에서 돈과 권세를 통한 평안의 역사는 발견할 수 없다. 그러나 누가 오늘 내게 당신은 왜 예수를 믿었느냐 묻는다면, 나는 "평안입니다" 대답할 것이다.

주님은 그 제자들에게 "평안을 너희에게 끼치노니 곧 나의 평안을 너희에게 주노라 내가 너희에게 주는 것은 세상이 주는 것과 같지 아니하니라 너희는 마음에 근심도 말고 두려워하지도 말라"(27) 말씀하셨다. 여기서 주님은 '내가 주는 평안'과 '세상의 평안'을 대비하여 말씀하셨다. 이는 우리에게 너는 어느 것을 선택할 것인가를 물으신 것이다.

또한 주님은 삶의 기쁨을 얻는 방법을 말씀하시며 "이것을 너희에게 이름은 너희로 내 안에서 평안을 누리게 하려 함이라 세상에서는 너희가 환난을 당하나 담대하라 내가 세상을 이기었노라 하시니라"(요16:33) 말씀하셨다. 이 말씀은 믿는 우리도 세상에서 환난을 당할 것을 전제로 하신 말씀이다. 그러나 우리에게 환난을 능히 이길 힘이 있다면 무엇을 두려워하겠는가?

열왕기하 4장에는 선지자 엘리사와 수넴 여인의 이야기가 소개되었다. 수넴 여인은 엘리사가 그곳을 지날 때마다 음식을 대접하고 남편과 의논하여 담 위에 작은 방을 하나 지어 침상과 책상 도구를 놓아 그곳에 머물도록 배려하였다. 엘리사는 그녀의 생각이 주밀하다고 칭찬하였다.

본의 아니게 그곳을 지날 때마다 번번이 신세를 져야 했던 엘리사는 그녀의 집을 위해 무엇을 해 주고 싶어 수넴 여인을 불러 네가 원하면 왕이나 군대장관에게 부탁하여 너희 필요를 들어 주겠다고 말했다. 그러나 수넴 여인은 나는 내 백성들 중에서 부족함이 없이 평안히 살고 있다고 말하며 거절하였다.

그럼에도 엘리사는 무언가 베풀고 싶은 마음에 그의 종 게하시에게 그녀에게 필요한 것이 무엇이냐 물으니 수넴 여인의 남편은 늙었고 그들에게는 아들이 없다고 말했다.

이에 엘리사는 수넴 여인을 다시 불러 "내년에 네가 아들을 안으리라" 말하였다. 그런데 기뻐 날뛸 줄 알았던 이 여인은 "하나님의 사람이여 나를 속이지 마십시오" 말하였다. 그러나 그녀는 엘리사의 말대로 다음 해에 아들을 낳았다.

수넴 여인은 노년에 얻은 아들로 인하여 더없는 행복을 누렸다. 그러던 어느 날, 그 아비가 아들을 데리고 들에 나갔더니 갑자기 아이가 머리를 붙잡고 뒹굴기 시작하여 그 아비는 아이를 어미에게 데려다 주었으나 아이는 어미의 무릎에서 죽고 말았다.

이에 수넴 여인은 죽은 아이를 하나님의 사람 엘리사의 침상에 눕히고 남편에게 사환과 나귀를 청하였다. 사정을 알지 못하는 남편은 초하루도 안식일도 아닌데 어찌 그에게 가고자 하느냐 물었다. 이 내용으로 보아 수넴 여인은 아들을 얻은 후에 초하루와 안식일에 엘리사에게 가서 예배를 드렸음을 알 수 있다.

수넴여인은 남편의 물음에 "평안입니다" 답하였다. 참으로 흥미로운 답변이다. 아들의 죽음 앞에서 평안을 말했으니 말이다. 그리고 수넴 여인은 하인에게 내가 말하지 아니하거든 나를 위하여 달려가기를 멈추지 말라 명하고 하나님의 사람 엘리사에게 달려나갔다.

수넴 여인에게 당면한 현실은 지옥이었으나 하나님의 능력을 믿는 그녀는 세상에서 얻을 수 없는 하나님의 평안을 얻고자 달려

간 것이다. 선지자 엘리사를 만난 이후 그녀는 인생의 생사화복이 하나님께 있음을 알았기 때문이다. 이것이 믿는 사람들과 불신자가 다른 점이다. 결국 그녀의 온전한 믿음은 죽은 아들의 생명을 돌려받았다.

오늘 엘리사와 수넴 여인의 이야기는 우리에게 무엇을 전해 주는가? 바로 하나님의 사람과의 만남이다. 하나님의 사람을 통하여 하나님의 생명의 말씀을 들을 수 있기 때문이다.

그러므로 바울은 "가르침을 받는 자는 말씀을 가르치는 자와 모든 좋은 것을 함께 하라"(갈 6:6) 하였고, 다시 "너희를 인도하는 자들에게 순종하고 복종하라 저희는 너희 영혼을 위하여 경성하기를 자기가 회계할 자인 것같이 하느니라 저희로 하여금 즐거움으로 이것을 하게 하고 근심으로 하게 말라 그렇지 않으면 너희에게 유익이 없느니라"(히 13:17) 권고하였다.

나는 서른 살에 예수를 믿고 한국 최대이며 세계적으로 유명한 목사가 시무하는 교회를 다니며, 그 교회 목사를 내 인생의 목자처럼 여기며 열정적으로 섬겼다. 그럼에도 나는 거듭난 생활을 하지 못하고 세상속에서 재물을 얻기에 혈안이 되었다. 재물이 있으면 무엇이든지 할 수 있다고 생각했고, 재물만 있으면 평안하고 행복할 것이라고 믿었다. 그러나 나는 돈을 많이 벌면 벌수록 심령이 불안했고 더 많은 재물을 모으려다 결국 패망하고 말았다.

내가 평안을 얻은 것은 43살이 되었을 때이다. 갈급한 믿음의 여정 속에서 주께서 인도하신 좋은 선생을 만나 성경을 배우기 시작하면서 말씀 속에서 그리스도를 만났고, 그때부터 하나님의 평안이 나를 주관하였다. 성경 말씀속에서 하나님의 은혜와 사랑을 깨달았기 때문이다.

오늘 하나님을 믿는 당신은 어떠한가? 과연 당신은 하나님의 평안에 있는가? 만약 당신의 영혼에 그리스도의 평안이 끼쳤다면 당신은 그 어떤 인생의 고통 속에서라도 하나님의 평안을 누릴 수 있을 것이다.

만약 그리스도의 평안이 당신을 주관한다면 그 어떤 근심과 두려움도 당신의 평안을 해치지 못할 것이다. 당신의 평안은 인생을 초월하고 있기 때문이다. 그러므로 성경은 혼돈의 세상을 살아가는 우리에게 "하나님이 나를 위하면 누가 나를 대적하리요!" 선언하였다.

[기도] 사랑하는 예수님, 나에게 그리스도의 평안을 주심을 감사드립니다. 세상의 돈이나 명예로 살 수 없는 평안이 내게 있사오니 내가 무엇을 근심하겠습니까? 나에게 주신 평안을 이웃에게 나누게 하소서. 예수님 이름으로 기도드립니다. 아멘.

[핵심연구]
1. 세상의 평안과 그리스도의 평안이 다른 것은 무엇인가?
2. 예수를 믿으면서도 평안하지 못한 이유는 무엇인가?
3. 평안은 어디로부터 오는가?

열매 맺는 제자

(요한복음 15:16) 너희가 나를 택한 것이 아니요 내가 너희를 택하여 세웠나니 이는 너희로 가서 과실을 맺게 하고 또 너희 과실이 항상 있게 하여 내 이름으로 아버지께 무엇을 구하든지 다 받게 하려 함이니라

예수님은 메시아이신 자신의 인격을 여러 모습으로 비유하여 설명하셨다. 주님은 먼저 자신을 '생명의 떡'(요6:35), '세상의 빛'(요8:12)이라 칭하시어 자신은 사람들의 생명과 영적 각성을 위해 이 땅에 오신 창조자이심을 나타내셨다. 또한 주님은 자신을 '양의 문'(요10:7), '선한목자'(요10:11)라고 칭하시었다. 이는 구원자 되신 예수 그리스도의 사역적 인격을 말씀하신 것이다.

오늘 주님은 그의 제자들에게 자신을 가리켜 '참 포도나무'라고 새롭게 소개하셨다. 이는 참 포도나무와 가지를 비유로 하나님과 예수님의 관계, 예수님과 제자들의 관계, 제자들 상호관계 그리고 제자들과 세상 사람들과의 관계의 필연성을 설명하시기 위함이다.

성경에는 포도나무에 관한 많은 증거들을 기록되었다. 이사야는 하나님이 사랑하시는 포도나무와 포도원을 묘사하여 "대저 만군의 여호와의 포도원은 이스라엘 족속이요 그의 기뻐하시는 나무는 유다 사람이라"(사5:1-7) 증거하였으며, 예레미야도 "내가 너를 귀한 포도나무로 심었노라"(렘2:21) 증거하였다.

또한 호세아는 "이스라엘은 열매 무성한 포도나무라"(호10:1) 칭송하였으며, 시편기자 또한 "주께서 한 포도나무를 애굽에서 가져다가 이교도들을 쫓아내시고 심으셨다"(시80:8) 증거하였다.

오늘 주님은 자신을 포도나무로 비유하여, 가지 된 제자들이 과실을 많이 맺는 방법을 말하여 "내가 일러 준 말로 이미 깨끗하였으니"(3) 하셨고, 다시 "내 안에 거하라 나도 너희 안에 거하리라 가지가 포도나무에 붙어 있지 아니하면 절로 과실을 맺을 수 없음 같이 너희도 내 안에 있지 아니하면 그러하리라"(4) 말씀하셨다. 이는 제자들의 영적, 도덕적 정결함과 생명이신 하나님의 말씀과의 온전한 관계를 말씀하신 것이다.

계속하여 주님은 "나는 포도나무요 너희는 가지니 저가 내 안에, 내가 저 안에 있으면 이 사람은 과실을 많이 맺나니 나를 떠나서는 너희가 아무것도 할 수 없음이라"(5) 경고하셨다. 이 말씀은 가지 된 제자의 사역적 목적과 그 목적을 성취하기 위해서는 그 어떤 상황에서도 주님과 공존관계를 가져야 할 것을 말씀하신 것이다.

또한 주님은 "너희가 과실을 많이 맺으면 내 아버지께서 영광을 받으실 것이요 너희가 내 제자가 되리라"(8) 하시며 다시 "아버지께서 나를 사랑하신 것같이 나도 너희를 사랑하였으니 나의 사랑

안에 거하라"(9) 명하셨다. 이 말씀은 결코 교회의 성장을 말씀하신 것이 아니다. 주님은 그리스도의 제자된 우리가 진리의 말씀을 통하여 세상에 나타낼 하나님의 사랑, 그리스도의 사랑의 열매를 말씀하신 것이다.

오늘날 여호와의 증인, 몰몬교, 통일교 또는 신천지 교회와 같은 곳에서도 포도나무에 대한 교리를 강론한다. 또한 성령운동, 신사도운동을 외치는 은사집회에서도 포도나무와 가지의 원리를 외친다. 그러나 우리는 과연 그들이 예수 그리스도의 열매인가를 생각해 보아야 할 것이나. 그들이 맺는 열매는 하나님이 뜻하신 사랑의 열매가 아니라 자신들의 악한 열매이기 때문이다.

그렇다면 그리스도의 지체이며 제자된 우리 교회들은 진정으로 예수 그리스도의 사랑의 열매를 맺고 있는 것인가? 솔직히 말해 답변할 말이 없다. 날이 갈수록 교회는 사랑을 잃고 있기 때문이다. 그 이유는 무엇 때문일까?

주님은 제자들에게 "너희가 내 안에 거하고 내 말이 너희 안에 거하면 무엇이든지 원하는 대로 구하라 그리하면 이루리라"(7) 말씀하셨다. 먼저는 그리스도의 뜻 안에서 살아야 하고 그리스도의 말씀이 우리 안에 있어야 한다는 말씀이다.

만약 당신의 마음이 세상에 있고 하나님 말씀의 지배를 받지 않고 살아간다면 당신의 주인은 예수가 아니며, 당신은 그리스도의 제자도 아니다.

오늘 우리가 포도나무의 비유에서 간과하지 말아야 할 중요한 말씀은 "나는 참포도나무요 내 아버지는 농부라 무릇 내게 붙어 있어 열매를 맺지 아니하는 가지는 아버지께서 그것을 제거해 버리시고 무릇 열매를 맺는 가지는 더 열매를 맺게 하려 하여 그것을 깨끗하게 하시느니라"(1,2)하신 말씀이다.

여기서 '제거하시고'라는 말은 문자적으로 '들어 올린다'라는 뜻으로 농부가 포도나무 가지를 전정치기 하는 것을 뜻한다. 이는 좋지 않은 가지를 쳐 주지 않으면 다른 가지의 양분을 흡수해 버리기 때문이다. 또한 '깨끗하게 하다'는 완전한 것을 뜻하는 것이 아니라 신실한 헌신의 상태를 뜻한다.

계속하여 주님은 "이제 너희는 내가 너희에게 일러 준 말로 깨끗하게 되었으니"(3)라고 말씀하셨다. 다시 말하여 제자들이 깨끗하게 되는 것은 하나님의 말씀과의 관계에 있음을 언급하신 것이다. 하나님의 말씀은 죄를 책망하고(딤후3:16), 거룩하게 하며(요17:17), 하나님의 사람으로 선한 일을 위해 온전하게 되게 하기 때문이다(딤후3:17).

후일 요한은 "태초부터 있는 생명의 말씀에 관하여는 우리가 들은 바요 눈으로 본 바요 주목하고 우리 손으로 만진 바라"(요일 1:1) 증거하였다. 이는 우리가 생명이신 성경의 말씀과 깊은 관계를 갖기 위한 교제의 시작부터 과정을 설명하신 말씀이다.

그러므로 요한은 "이 생명이 나타내신바 된지라 이 영원한 생명을 우리가 보았고 증거하여 너희에게 전하노니 이는 아버지와 함께 계시다가 우리에게 나타내신 바 된 자니라 우리가 보고 들은 바를 너희에게도 전함은 너희로 우리와 사귐이 있게 하려 함이니 우리의 사귐은 아버지와 그 아들 예수 그리스도와 함께 함이라"(요일1:2,3) 증거하였다.

오늘날 그리스도의 제자된 당신은 하나님의 말씀과 어떤 관계를 갖고 있는가? 당신은 성경과 얼마나 깊은 사귐이 있는가? 만약 당신이 예수를 믿으면서도 콩밭에 마음이 가 있다면 당신은 하나님으로부터 제거하심을 당할 것이다. 그러나 당신이 성경 말씀과 깊은 관계 속에서 살아 간다면 당신은 더욱 깨끗함을 받아 많은 열매를 맺게 될 것이다.

[기도] 사랑하는 주님, 오늘 주께서 사랑의 열매, 기쁨의 열매를 맺는 법을 가르쳐 주셨습니다. 그것은 우리가 말씀 안에 거하고 그리스도의 계명을 지키는 것입니다. 그 결과는 주의 기쁨이 내 안에 충만한 것입니다. 나로 오직 주 안에 거하게 하소서. 예수님 이름으로 기도드립니다. 아멘.

[핵심연구]
1. 참 포도나무는 누구이고 가지는 누구인가?
2. 포도나무 농사를 짓는 분은 누구인가?
3. 열매 맺지 않는 가지를 제거한다는 말씀은 무슨 뜻인가?
4. 열매를 많이 맺는 방법은 무엇인가?

세상을 이기는 지혜

(요한복음 16:33) 이것을 너희에게 이름은 너희로 내 안에서 평안을 누리게 하려 함이라 세상에서는 너희가 환난을 당하나 담대하라 내가 세상을 이기었노라

요한복음에서 예수님은 제자들에게 "이것을 너희에게 이름은"이란 말씀을 네 번 사용하셨다. 첫 번째는 포도나무와 가지를 비유하시며 "내가 이것을 너희에게 이름은 내 기쁨이 너희 안에 있어 너희 기쁨을 충만하게 하려함이니라"(요15:11) 말씀하셨다. 이 말씀은 가지가 포도나무에 붙어 있듯이 제자들이 예수님과 연합된 관계 속에 있을 때 얻어지는 열매를 맺는 기쁨을 말씀하신 것이다.

두 번째로 주님은 "내가 이것을 너희에게 명함은 너희로 서로 사랑하게 하려 함이로라"(요15:17) 하셨다. 이 말씀은 요한복음 16장 12-15절 말씀의 결론구로써, 예수께서 제자들과 종의 관계가 아닌 친구의 관계를 맺었듯이 주께 택하심을 입은 제자들도 서로 친구의 사랑의 관계를 갖게 하기 위함이다.

예수께서 이 말씀을 하신 것은, 각각 자기 사명을 갖고 열매를 맺다 보면 함께 부름받은 형제 됨을 잊어버릴 수 있게 되므로 제자들 서로가 목숨을 버릴 친구의 관계가 될 것을 요구하신 것이다.

세 번째로 주님은 "내가 이것을 너희에게 이름은 너희로 실족치 않게 하려 함이니"(요16:1)라고 말씀하셨다. 이 말씀은 주께서 떠나신 후 복음 사역자들이 필연적으로 겪어야할 고난을 말씀하신 것이다.

그러므로 주님은 요한복음 15장 말미에서 "세상이 너희를 미워하면 너희보다 먼저 나를 미워한 줄을 알라, 세상에서 나의 택함을 입은 자인 고로 세상이 너희를 미워하느니라" 말씀하시며, "내가 너희더러 종이 주인보다 더 크지 못하다 한 말을 기억하라 사람들이 나를 핍박하였은즉 너희도 핍박할 터이요 내 말을 지켰은즉 너희 말도 지킬 터이라"(요15:20) 말씀하셨다.

끝으로 주님은 "이것을 너희에게 이름은 너희로 내 안에서 평안을 누리게 하려 함이라 세상에서는 너희가 환난을 당하나 담대하라 내가 세상을 이기었노라 하시니라"(요16:33) 말씀하셨다. 이 말씀은 예수 그리스도를 믿는 사람들에게도 환난이 있을 것을 예고하신 것이다. 예수의 제자이기 때문에 오히려 세상 사람보다 더 혹독한 일들을 겪을 수 있음을 예고하신 것이다.

그러므로 우리가 기억해야 할 것은 오늘날 예수 그리스도의 복음 안에 살아가는 우리 또한 세상에서 환난을 당한다는 사실이다. 그 이유는 세상은 아직 사탄의 지배 가운데 있기 때문이다. 그러나 환난 속에서도 우리가 담대함을 잃지 말아야 하는 것은 예수께서 친히 십자가 위에서 사탄의 권세를 꺾으셨음으로 그를 믿는 우리는 그리스도의 평안을 누릴 수 있다는 믿음의 확신이다.

오늘 예수께서 제자들에게 미리 하신 말씀들은 모두 예수 그리스도와의 관계 속에서, 또한 예수 그리스도의 이름으로 성취될 일들에 대한 약속의 말씀이다. 이 약속들은 포도나무와 가지의 관계에서 출발하여 목숨을 건 사랑의 관계 속에 얻어질 성령의 열매 곧 우리 삶 가운데 나타난 승리의 기쁨과 평안이다.

[기도] 사랑하는 하나님, 우리로 예수 그리스도의 은혜 가운데서 평안을 누리게 하심을 감사드립니다. 주의 평안으로 세상을 이기게 하옵소서. 예수님 이름으로 기도드립니다. 아멘.

[핵심연구]
1. 우리가 실족하는 이유는 무엇인가?
2. 우리의 기쁨은 어디에서 오는가?
3. 우리가 서로 사랑해야 하는 이유는 무엇인가?
4. 우리는 어떻게 환난을 이길 수 있는가?

거룩함에 이르는 길

(요한복음 17:17) 저희를 진리로 거룩하게 하옵소서 아버지의 말씀은 진리니이다

겟세마네 기도는 성경에 기록된 예수 그리스노의 기도 중 가장 길고 현실적인 기도이다. 예수께서 십자가의 죽으심을 목전에 두고 이 땅에서 이루실 모든 일들과 그의 사랑하는 제자들을 위해 하나님 아버지께 청원하신 기도이다.

겟세마네의 기도는 "눈을 들어 하늘을 우러러"로 시작되었다. 예수께서 눈을 들어 바라 본 하늘은 오직 하나님을 믿는 사람들만이 알고 있는 창조자 하나님이 거하신 거룩한 처소로서 하늘의 성전이며 장차 우리가 들어갈 성도들의 집이다. 그러므로 예수님은 하나님을 믿는 자들에게 기도의 현주소를 알려 주신 것이다.

또한 주님은 '아버지'께 기도하였다. '아버지'란 하나님과 아들의 관계를 뜻하며, 아버지는 거룩하신 모든 만물과 생명의 창조자이시다. 그러므로 예수님은 기도하실 때마다 "아버지께서 나의 기도를 들으시는 줄 내가 아나이다" 말씀하셨다. 그러므로 우리의 기도의 대상은 오직 예수 그리스도의 아버지 곧 우리의 아버지 하나님이시다.

계속하여 주님은 "때가 이르렀사오니 아들을 영화롭게 하사 아들로 아버지를 영화롭게 하옵소서"(4) 기도하였다. 주님은 이 땅에서의 모든 일들을 때를 따라 행하셨다. 이는 오직 아버지의 계획을 따라 사신 것을 뜻한다. 그러므로 우리도 때를 분변할 수 있어야 한다.

또한 "아버지여 창세 전에 내가 아버지와 함께 가졌던 영화로써 지금도 아버지와 함께 나를 영화롭게 하옵소서"(5) 기도하셨다. 여기서 '영화롭게'라는 말씀은 하나님과 아들의 영존하심의 영광을 증거하신 것이다. 그러므로 우리 또한 그리스도로 말미암아 영화로움을 누려야 할 것이다.

그러므로 주님은 "아버지께서 아들에게 주신 모든 사람에게 영생을 주게 하시려고 만민을 다스리는 권세를 아들에게 주셨음이로소이다"(2) 고백하시며, 우리의 영생을 위하여 "영생은 곧 유일하신 참 하나님과 그가 보내신 자 예수 그리스도를 아는 것이니이다"(3) 정의하셨다.

후일 바울은 "미리 정하신 그들을 또한 부르시고 부르신 그들을 또한 의롭다 하시고 의롭다 하신 그들을 또한 영화롭게 하셨느니라"(롬8:30) 증거하였다. 그러므로 만약 주를 믿는 우리가 참 하나님과 예수 그리스도에 대하여 온전히 알지 못한다면 우리는 영화로움에 이르지 못할 것이다.

오늘 우리가 겟세마네 기도 중 가장 주목해야 할 기도는 제자들을 위한 예수 그리스도의 청원이다. 십자가의 죽음 앞에서 예수님은 "내가 비옵는 것은 저희를 세상에서 데려가시기를 위함이 아니요 오직 악에 빠지지 않게 보전하시기를 위함입니다"(15) 말씀하셨기 때문이다. 이는 주께서 택하시고 사도로 세우신 제자들이라도 세상의 악에 빠질 수 있음을 전제한다.

오늘날 예수를 믿어 영혼의 구원을 받은 우리가 거룩함에 이르지 못하는 이유는 무엇일까? 그 첫 번째 이유는 그리스도 안에서 떨어져 마음과 몸이 세상을 즐기고 있기 때문이다. 또한 그럴 수 밖에 없는 더 큰 이유는 교회생활 속에서 하나님의 말씀을 듣지 못하기 때문이다.

그러면 주께 부름을 받아 복음의 사명을 가진 그리스도의 제자들을 세상의 악으로부터 온전하게 보전하는 길은 무엇인가? 예수님은 아버지께 "저희를 진리로 거룩하게 하옵소서 아버지의 말씀은 진리입니다"(17) 기도하셨다. 이 말씀은 진리에 대한 정의로서 우리 믿는 자들이 거룩하게 되는 길은 말씀과의 관계뿐임을 알 수 있다.

나는 이 진리를 터득하는데 오랜 시간이 걸렸다. 과거 그리스도를 알지 못했던 시절을 차치하고도 주 예수를 믿어 영혼의 기쁨을 누리며 주를 찬양하고 하나님께 예배를 드리던 그 오랜 날들 속에서도 나는 거침없이 세상을 즐기며 살았었기 때문이다.

그 이유는 무엇 때문이었을까? 바울은 이를 말하여 "악한 자의 임함은 사단의 역사를 따라 모든 능력과 표적과 거짓 기적과 불의의 모든 속임으로 멸망하는 자들에게 임하리니 이는 저희가 진리의 사랑을 받지 아니하여 구원함을 얻지 못함이니라"(살후2:9,10) 증거하였다. 이는 그리스도의 교회 안에 역사하는 거짓 영들을 경계한 말씀이다.

그러나 우리를 두렵게 하는 것은 "이러므로 하나님이 유혹을 저의 가운데 역사하게 하사 거짓 것을 믿게 하심은 진리를 믿지 않고 불의를 좋아하는 모든 자로 심판을 받게 하려 하심이니라"(살후2:10,11)하신 말씀이다. 주를 믿는 우리가 성경의 진리를 믿지 않고 세상의 불의를 좋아하기 때문에 하나님께서 유혹의 영들에게 미혹되게 버려두셨다는 것이다. 그러니 소경 개천 나무랄 필요 없다. 내가 어떤 교회를 택할 것인가에 있다.

예수님은 "아버지께서 나를 보내신 것 같이 나도 저희를 세상에 보내었고 또 저희를 위하여 내가 나를 거룩하게 하오니 이는 저희도 진리로 거룩함을 얻게 하려 함이니이다"(18,19) 기도하셨다. 이는 우리의 거룩함을 위한 청원이다. 이 말씀은 주께서 보내신 자들에 대한 책임이 주께 있으니 나의 거룩함을 덧입혀 달라는 청원이다.

더 감사한 것은 예수님은 아버지께 "내가 비옵는 것은 이 사람들만 위함이 아니요 또 저희 말을 인하여 나를 믿는 사람들도 위함"(요17:20)이라고 기도하신 것이다. 이는 사도들의 가르침을 받은 우리 모두를 포괄하신 은혜의 청원이다.

끝으로 주님은 "아버지께서 내 안에 내가 아버지 안에 있는 것같이 저희도 다 하나가 되어 우리 안에 있게 하사 세상으로 아버지께서 나를 보내신 것을 믿게 하옵소서 내게 주신 영광을 내가 저희에게 주었사오니 이는 우리가 하나가 된 것 같이 저희도 하나가 되게 하려 함이니이다"(요17:21,22) 청원하셨다.

십자가의 죽으심을 목전에 두신 예수께서 그에게 허락하신 하나님 아버지의 영화로움을 이루기 위하여, 하나님 아버지와 주 예수 그리스도와 그가 보내신 사도들과 또 사도들을 통해서 복음의 진리를 깨달은 우리 모두가 하나가 되기를 기도하신 것이다. 나는 우리 주께서 아버지께 청원하신 모든 것이 모두 성취되고 있음을 믿는다.

[기도] 사랑하는 아버지 하나님, 우리는 그리스도의 영광에 참여할 성도입니다. 그러하오니 우리를 아버지의 진리의 말씀으로 거룩하게 하옵소서. 예수님 이름으로 기도드립니다. 아멘.

[핵심연구]
1. 우리는 어떻게 거룩해 질 수 있는가?
2. 진리의 정의는 무엇인가?
3. 성도가 거룩하지 못한 이유는 무엇 때문인가?

누가 진리의 배반자인가?

(요한복음 18:38) 빌라도가 이르되 진리가 무엇이냐 하더라 이 말을 하고 다시 유대인들에게 나가서 이르되 나는 그에게서 아무 죄도 찾지 못하였노라

우리는 복음서에서 베드로의 패기를 여러 번 엿볼 수 있다. 그러나 민망하게도 요한은 베드로가 예수님을 부인한 내용을 18절과 25절에 거듭해서 기록하였다. 베드로 입장에서는 심히 난처한 일이 아닐 수 없다. 그래서인지 베드로는 부활하신 주님과 독대할 때 뒤를 따라오는 요한을 가리켜 "주님 이 사람은 어떻게 되겠습니까?" 물은 것이 아닌가 싶다.

예수께서 잡히시던 날 밤, 시몬 베드로는 칼을 빼어 대제사장의 종 말고의 오른편 귀를 베었다. 그때 예수님은 베드로에게 "칼을 칼집에 넣어라 아버지께서 주신 잔을 내가 마시지 아니하겠느냐"(11)하셨다. 다시 말하여 네가 하는 행동은 아버지께서 내게 맡기신 일을 훼방하는 일이라고 책망하신 것이다.

또한 베드로는 예수께 맹세하여 "내가 죽을지언정 절대로 주를 배반치 않을 것입니다"라고 호언장담한 바 있었다. 그러나 정작 예수께서 잡히시던 날 밤, 그는 대제사장의 여종이 "너도 그의 제자

중의 하나가 아니냐" 물었을 때 "나는 아니다" 부인하며 하인들이 피운 모닥불로 가서 그들과 함께 둘러앉아 불을 쬐었다. 그러나 더는 피할 수 없는 상황이 왔다. 바로 베드로가 귀를 벤 종의 친척이 나타나 "너도 그 제자 중 하나가 아니냐?" 말하였다. 그러나 이때에도 베드로는 예수를 부인하여 저주까지하였다.

그런데 공교롭게도 그때 닭이 세번 울었다. 닭의 울음소리가 들리는 순간 베드로의 머릿 속에서는 "네가 닭이 울기 전에 세 번 나를 부인하리라"하신 주의 말씀이 떠올랐을 것이다. 베드로의 머리가 하얗게 되는 순간이었다.

새벽녘에 예수께서 총독 빌라도의 최종 심문을 받게 되었는데 총독 빌라도가 예수께 "네가 유대인의 왕이냐"(33) 물었다. 이때 예수님은 "이는 네가 스스로 하는 말이냐 다른 사람들이 나를 대하여 네게 한 말이냐"(34) 물으셨다.

이를 통하여 우리는 내가 말하는 것이 모두 내가 아는 것이 아님을 알 수 있다. 이에 빌라도는 "내가 유대인이냐 네 나라 사람과 대제사장들이 너를 내게 넘겼으니 네가 무엇을 하였느냐"(35) 되물었다.

빌라도의 말에 예수님은 "내 나라는 이 세상에 속한 것이 아니다 만일 내 나라가 이 세상에 속한 것이면 내 종들이 싸워 나로 유대인에게 넘기지 않았을 것이다"(36) 대답하셨다.

그러자 빌라도가 놀라서 "그럼 네가 왕이 아니냐" 되물으니 예수께서 "네 말과 같이 내가 왕이다. 내가 이를 위하여 태어났으며 이를 위하여 세상에 왔나니 진리에 대하여 증거하려 함이다. 무릇 진리에 속한 자는 내 음성을 듣느니라"(37) 대답하셨다. 이때 빌라도가 "진리가 무엇이냐"(38) 하고 빈정대었다.

총독 빌라도가 예수께 "진리가 무엇이냐?" 반문한 것은 당대 진리를 연구하던 헬라 철학자들이 서로 죽이고 죽는 끊임없는 진리 전쟁의 역사 속에서 결국 "진리는 없다" 결론 내렸기 때문이다.

또한 황제 가이사를 신으로 신봉하는 로마시대에는 오직 황제 가이사의 말이 진리였으므로 시대의 죄인 된 예수의 때늦은 진리 논쟁이 무슨 의미가 있느냐고 빈정된 것이다.

그럼에도 흥미롭게도 예수를 십자가에 못박은 로마 총독 빌라도는 예수를 잡아 온 유대 지도자들에게 "나는 그에게서 아무 죄도 찾지 못하였다" 증거하였다.

오늘 우리는 예수께 진리의 말씀을 3년이나 배웠으면서도 하찮은 종들 앞에서 주를 세 번이나 부인한 제자 베드로와 "네가 유대인의 왕이냐?" 물으며 예수님과 진리 논쟁을 하던 총독 빌라도 중에서 과연 '누가 더 진리에 속한 자인가?'하는 회의를 갖게 된다.

진리에 속한 자로 증거를 받으면서도 세상이 두려워 예수님을 세 번이나 부인한 제자 베드로는 오늘 우리에게 무엇을 말하고 있으며, 예수의 진리를 거부하면서도 그에게서 죄를 발견하지 못하였다고 말하는 총독 빌라도의 고백 속에서 오늘 우리는 무엇을 발견하는가?

오늘 당신은 회식 자리의 술잔을 거부할 수 없어 스스로 예수를 믿는 것을 부끄러워하지 않는가? 주를 믿으면서도 때때로 포르노를 즐기는 당신은 자신이 스스로 그리스도인인 것을 부끄러워하지 않는가를 생각해 보아야 할 것 같다.

[기도] 사랑하는 주님, 우리는 예수께서 진리의 말씀이며 진리의 왕으로 오신 것을 믿습니다. 그럼에도 때때로 우리는 성경 말씀을 부인하며 세상에서 해답을 찾으려 합니다. 우리로 이 모순에서 벗어나도록 진리의 말씀으로 온전케 하옵소서. 예수님 이름으로 기도드립니다. 아멘.

[핵심연구]

1. 빌라도가 "진리가 무엇이냐" 말한 시대적 배경을 설명하라.

2. 진리에 대한 성경적 정의를 말하라(요17:17).

3. 당신이 거룩해 질 수 있는 길은 무엇인가?

당신은 다 이루었는가?

(요한복음 19:28-30) 그 후에 예수께서 모든 일이 이미 이루어진 줄 아시고 성경을 응하게 하려 하사 이르시되 내가 목마르다 하시니 거기 신 포도주가 가득히 담긴 그릇이 있는지라 사람들이 신 포도주를 적신 해면을 우슬초에 매어 예수의 입에 대니 예수께서 신 포도주를 받으신 후에 이르시되 다 이루었다 하시고 머리를 숙이니 영혼이 떠나가시니라

하나님의 아들 예수께서 스스로 죄인이 되어 십자가 위에서 마지막으로 하신 말씀은 "다 이루었다"이다. 이 말씀은 "더할 것이 전혀 없다"는 뜻이다. 이 말씀으로 예수님은 이 땅에서의 모든 일을 마치시고, 육체를 거두시고 하늘에 오르사 교회의 머리가 되셨다.

이를 증거하여 바울은 "모든 정사와 권세와 능력과 주관하는 자와 이 세상뿐 아니라 오는 세상에 일컫는 모든 이름 위에 뛰어나게 하시고 또 만물을 그 발 아래 복종하게 하시고 그를 만물 위에 교회의 머리로 주셨느니라"(엡1:21,22) 기록하였다.

예수께서 이루신 것 중에 가장 큰 절정은 아담이 사탄에게 내어준 인간의 권위를 되찾으신 것이다. 그러므로 바울은 "기록된 바 첫 사람 아담은 산 영이 되었다 함과 같이 마지막 아담은 살려 주

는 영이 되었다"(고전15:45) 증거하였다. 그럼에도 아직도 사람들은 생명이신 예수 그리스도를 외면하고 다른 곳에서 영생을 찾으려 애를 쓴다.

어느 날 유대인들이 예수께 나와 "우리가 어떻게 하나님의 일을 할 수 있습니까?" 물었을 때, 주님은 그들에게 "하나님의 보내신 자를 믿는 것이 하나님의 일이다" 말씀하셨다. 여기서 주어는 "하나님의 보내신 자" 곧 예수 그리스도이시다.

또한 젊은 부자 청년이 예수님을 찾아와 "어떻게 하여야 영생을 얻을 수 있습니까?" 물었을 때, 주님은 "네가 온전케 되고자 하거든 네게 있는 것을 다 팔아 가난한 자들에게 나눠주라. 그리고 와서 나를 쫓으라" 말씀하셨다. 이 말씀의 주어는 "나를 쫓으라"이다. 그러나 그 청년은 가진 것이 너무 많아 고민하며 돌아가고 말았다.

흥미롭게도 이들의 질문은 모두 "어떻게 하여야"(How to)를 외친다. 그러나 이들을 향한 주님의 해답은 "Who is"이다. 다시 말해서 오직 "주 예수 그리스도의 이름"이다. 그러므로 당신의 구원을 위해서 할 수 있는 일은 오직 하나님의 아들 예수 그리스도를 당신의 주인으로 영접하는 길뿐이다.

사도로 부름을 받은 가룟 유다는 주를 팔고 후회를 하며 예수의 몸값으로 받은 돈주머니를 제사장들에게 던졌지만 그것으로 자신이 행한 죄를 되돌릴 수는 없었다. 이와 같이 사람이 자신의 죄를 용서받기 위해 할 수 있는 조치는 아무것도 없다.

그러므로 성경은 "다른 이로서는 구원을 얻을 수 없나니 천하 인간에 구원을 얻을만한 다른 이름을 우리에게 주신 일이 없음이니라"(행4:12) 선언하였다.

이 땅에 교회가 세워지던 날, 사도들은 영생의 주 예수 그리스도를 십자가에 내어준 하나님의 백성 유대인들을 책망하였다. 그들의 메시지를 듣고 마음에 찔린 유대인들은 "우리가 어떻게 할꼬!" 탄식하였다.

그때 베드로가 일어나 "너희가 각각 회개하여 주 예수 그리스도의 이름으로 세례를 받고 죄사함을 받으라 그리하면 성령을 선물로 받으리라"(행2:38) 증거하였다. 그 말씀을 받은 사람들은 초대교회의 초석을 이루었다.

그러나 오늘의 문제는 당신이다. 예수를 믿고 구원받은 당신의 삶에서 예수 그리스도를 전적으로 따르지 못하는 이유는 과연 무엇 때문인가? 성경의 말씀을 귓전으로 흘리는 이유는 무엇 때문일까? 육신의 정욕인가? 재물인가? 명예인가? 그렇다면 당신은 하나님 나라의 기업을 받지 못할 우상숭배자이다.

성경은 온전치 못한 우리를 향하여 "오늘 너희가 그의 음성을 듣거든 너희 마음을 강퍅하게 하지 말라"(히3:15) 권고하며, 다시 "너희가 이같이 어리석으냐 성령으로 시작하였다가 이제는 육체로 마치겠느냐"(갈3:3) 책망했으며, 또 다시 "나의 의인은 믿음으로 말미암아 살리라 또한 뒤로 물러가면 내 마음이 그를 기뻐하지 아니하리라 하셨느니라"(히10:38) 증거하였다.

그리스도의 은혜는 아직 늦지 않았다. 그가 우리의 영혼을 위하여 십자가 위해서 모든 것을 이루셨기 때문에 우리가 주를 믿을 때 우리의 인생에 속한 모든 것이 그의 말씀 속에서 이루어 지는 것이다. 그러므로 예수를 믿는 당신은 이제라도 돌이켜 회개하고 주께서 십자가 위에서 다 이루신 것을 붙잡고 살아야 할 것이다.

[기도] 사랑하는 주님, 주께서 나를 위해 다 이루어 주심을 감사드립니다. 예수께서 다 이루신 은혜 가운데서 영생을 누리게 하옵소서. 예수님 이름으로 기도드립니다. 아멘.

[핵심연구]
1. 예수께서 "성경을 응하게 하려 하셨다"는 말씀은 무슨 뜻인가?
2. 주께서 "다 이루셨다" 말씀하신 것은 무엇을 뜻하는가?
3. 당신의 영혼을 위해 해야 할 일은 무엇인가?

당신은 평안한가?

(요한복음 20:19) 이날 곧 안식 후 첫날 저녁 때에 제자들이 유대인들을 두려워하여 모인 곳의 문들을 닫았더니 예수께서 오사 가운데 서서 이르시되 너희에게 평강이 있을지어다

> 2020년 3월 11일 세계보건기구(WHO)는 코로나19를 전염병 최고 경보 단계인 팬데믹(pandemic)으로 선언했다.

2019년 12월, 중국 우한 폐렴이 발생된 이후 일 년도 안 되어 전 세계에서 수십 만명의 감염자가 발생했고, 수천 명 이상이 숨진 상황에서 늑장 대응이라는 여론이 들끓었고, 이미 전 세계는 코로나 공포에 휩싸여 외국인 입국을 거절하는 사태에까지 이르렀다.

우리나라에서도 대구 신천지교회가 코로나19의 슈퍼 발원지가 되면서 대구, 경북 지역이 혼란스러워졌고, 서울을 비롯하여 주요 도시들도 비상사태에 이르렀다.

곳곳에서 수많은 의심 환자들이 자가격리되고 아파트와 빌딩들이 코호트(cohort) 되는 상황 속에서 정부는 연일 교회는 예배와 모임을 중단하라고 종용하였다. 과연 교회가 문을 닫는다고 해서 종말에 예고된 재앙들을 인류가 이겨낼 수 있는 것인지 심히 의

문스러웠다.

성경 역사 속에서도 전염병은 하나님께서 인류를 징벌하시는 도구로 사용되었다. 그러나 하나님은 자기 백성들을 향하여 "너희가 너희 하나님 나 여호와의 말을 들어 순종하고 내가 보기에 의를 행하며 내 계명에 귀를 기울이며 내 모든 규례를 지키면 내가 애굽 사람에게 내린 모든 질병 중 하나도 너희에게 내리지 아니하리니 나는 너희를 치료하는 여호와임이라"(출15:26) 약속하셨다.

또한 시편 기자는 "나는 여호와를 향하여 말하기를 그는 나의 피난처요 나의 요새요 내가 의뢰하는 하나님이라 하리니 이는 그가 너를 새 사냥꾼의 올무에서와 심한 전염병에서 건지실 것임이로다"(시91:2,3) 증거하였으며, 다시 "너는 밤에 찾아오는 공포와 낮에 날아드는 화살과 어두울 때 퍼지는 전염병과 밝을 때 닥쳐오는 재앙을 두려워하지 아니하리로다"(시91:5,6) 선언하였다.

그러나 오늘날 우리의 두려움은 비단 전염병 때문은 아니다. 최근 러시아의 우크라이나 침공으로 전 세계에 전운이 감돌고 있다. 천연가스와 원유와 곡물의 유통이 원활하지 못한 가운데 치솟는 물가로 많은 국가들이 두려움에 떨고 있다.

북한과 이란의 핵무기 실험 또한 심상치 않다. 거기에 전 세계를 걸쳐 일어나는 폭염과 폭우 그리고 튀르키예와 시리아에서 발생한 지진은 종말의 날을 방불케 한다. 어디 그 뿐인가? 미국과 중국의 패권전쟁은 과학 문명 무역에 이르기까지 모든 분야를 초월하여 대립하고 있다. 어느 쪽과 손을 잡을 수만도 없는 극과 극의 적대관계가 설정되고 있다. 이러한 상황 속에서 우리는 에스겔 38장에 예언된 종말의 날이 우리 눈앞에 이른 것이 아닌가 싶어 심히 걱정된다.

주님은 우리를 향하여 "평안을 너희에게 끼치노니 곧 나의 평안을 너희에게 주노라 내가 너희에게 주는 것은 세상이 주는 것 같지 아니하니라 너희는 마음에 근심도 말고 두려워하지도 말라"(요14:27) 약속하셨다.

주께서 "너희에게 평안을 끼치노니" 하셨으므로 먼저 그리스도의 평안의 영향권을 벗어나지 말아야 할 것이다. 이것은 우리의 삶이 세상이 아닌 그리스도 안에 있어야 한다는 말씀이다.

또한 주님은 제자들에게 "이것을 너희에게 이름은 너희로 내 안에서 평안을 누리게 하려 함이라 세상에서는 너희가 환난을 당하나 담대하라 내가 세상을 이기었노라 하시니라"(요16:33) 말씀하셨다.

주님은 믿는 자들의 삶에도 평안과 환난이 공존할 것을 언급하신 것이다. 그 이유는 우리가 사는 세상은 아직 사탄의 지배 속에 있고 사탄은 예수를 믿는 자들을 더욱 더 미워하기 때문이다. 그러므로 주 예수 그리스도의 날이 이르기까지 우리의 삶은 사탄과의 영적 전쟁인 것은 자명한 일이다.

그러면 이 재앙의 날에 종말의 날을 사는 우리는 어떻게 평안을 얻을 수 있을까? 주님은 이미 "내가 세상을 이기었노라" 선언하셨다. 이는 우리로 세상을 이기신 예수 그리스도의 승리 가운데서 살아

가라는 말씀이다. 곧 믿음의 절정을 요구하신 것이다.

그러나 우리가 간과하지 말아야 할 것은 예수께서 부활하신 후 제자들에게 오셔서 선포하신 말씀이다. 주님은 제자들에게 두번이나 "너희에게 평강이 있을지어다"(19,20) 말씀하시며 제자들에게 숨을 내쉬며 "성령을 받으라"(22) 하셨다.

우리의 주께서 "너희에게 평강이 있을지어다" 선포하셨으므로 우리 교회는 그리스도의 평안의 처소이다. 또한 제자들에게 "성령을 받으라" 하셨으므로 교회는 성령으로 충만해야 한다. 그러나 더 중요한 것은 주께서 "너희가 뉘 죄든지 사하면 사하여질 것이요 뉘 죄든지 그대로 두면 그대로 있으리라 하시니라"(23) 하셨으므로 우리 교회는 죄사함의 사명을 다 하여야 할 것이다.

[기도] 사랑하는 예수님, 주는 우리의 평안이시며 안식처입니다. 주의 평안이 우리 가운데 계시니 우리가 무엇을 두려워하리까? 우리에게 주의 성령을 두르시고 주의 사명을 다하게 하옵소서. 예수님 이름으로 기도드립니다. 아멘.

[핵심연구]
1. 환난 중에 우리가 의지할 것은 무엇인가?
2. 우리의 평안은 어디로부터 오는가?
3. 그리스도의 평안을 받은 교회의 사명은 무엇인가?

네가 나를 사랑하느냐?

(요한복음 21:15) 저희가 조반 먹은 후에 예수께서 시몬 베드로에게 이르시되 요한의 아들 시몬아 네가 이 사람들보다 나를 더 사랑하느냐 하시니 가로되 주여 그러하외다 내가 주를 사랑하는 줄 주께서 아시나이다 가라사대 내 어린 양을 먹이라 하시고

오늘 우리는 부활하신 주 예수 그리스도 앞에 매우 난처해진 베드로의 얼굴을 보게 된다.

베드로는 예수께서 십자가 지실 것을 미리 말씀하셨을 때, 선뜻 나서서 "다른 사람은 다 버릴지언정 나는 주를 따르겠다" 호언장담하였었다. 그러나 막상 예수께서 잡혀가시던 날 밤 그는 세 번이나 주를 부인하였다.

예수께서 십자가에 죽으신 후 베드로와 제자들은 할일이 없어 갈릴리 바다로 고기잡이를 떠났다. 그들은 어부로서 물고기가 많이 모일 곳을 찾아 밤새워 그물을 내리었으나 빈그물을 거두고 돌아올 수 밖에 없었다. 얼마나 허망한 상황인가? 메시아의 사도로 살 소망도 사라졌고, 세상 일도 뜻대로 되지 않았으니 말이다.

허망한 얼굴로 새벽녘 갈릴리 해변에 도달했을 때, 예수께서 제자

들에게 조반을 베푸시고, 별도로 베드로와 자리를 만들어 "요한의 아들 시몬아 네가 이 사람들보다 나를 사랑(아가파오)하느냐?" 물으셨다. 참으로 민망한 상황이지만 베드로는 "내가 주를 사랑(필레오)하는 줄 주께서 아십니다" 대답하였다.

예수께서 거듭해서 "요한의 아들 시몬아 네가 나를 사랑(아가파오)하느냐?" 물으신 후, 세 번째에는 말을 바꾸어 베드로가 대답했던 필레오를 사용하여 "요한의 아들 시몬아 네가 나를 사랑(필레오)하느냐"(17) 물으셨다. 어쩌면 "그렇다면 정말 네가 나를 친구만큼은 사랑은 한 것이냐?" 되물으신 것일지도 모른다.

만약 베드로가 진정한 친구로 사랑했다면 친구를 위해 죽을 수 있어야 했기 때문이다. 이때도 베드로는 "주여 모든 것을 아시오매 내가 주를 사랑(필레오)하는 줄을 주께서 아시나이다" 대답하였다. 자신의 마음 속을 훤히 들여다보시는 주님 앞에서 입이 열 개라도 할 말이 없었을 것이다.

흥미롭게도 주님은 베드로를 가리켜 '요한의 아들 시몬아'라고 부르셨다. 한때 그가 하나님을 향한 열정적인 믿음을 가졌을 때에는 주께서 "너는 베드로라 내가 이 반석 위에 내 교회를 세우리니 음부의 권세가 이기지 못하리라"(마16:18) 말씀하셨는데 이제는 요한의 아들 시몬으로 돌아간 것이다.

그러면 오늘 이 메시지를 대하는 당신은 어떠한가? 처음 예수를 만나던 날의 믿음의 감격이 아직 남아 있는가? 당신은 오늘도 두 손을 모아 "주여 내가 주를 사랑합니다" 말하지 않는가? 이

때 사용한 '사랑'이란 단어는 무엇인가? 주께서 원하시는 '아가페'(Agape)인가 아니면 '필레오'(Phileo)인가?

만약 그리스도를 향한 당신의 사랑이 '아가페'라면 당신은 정말 복받은 사람이다. 그러나 입으로는 매일 "주님 사랑합니다" 말하면서 만약 당신이 성경의 진리 말씀을 따라 행하지 않고 당신의 뜻대로 살고 있다면 당신은 주를 부인하는 것이다.

더 나아가 만약 당신이 주를 사랑한다고 말하면서 죄를 범하고 있다면 당신을 구원하기 위해 십자가를 지신 주 예수 그리스도의 은혜를 거부한 사랑의 배신자이다.

주님은 최소한 친구로서의 사랑을 고백하는 제자 베드로에게 그리스도와의 고귀한 사랑의 관계를 말씀하시며 "내 어린 양을 먹이라", "내 양을 치라", "내 양을 먹이라" 거듭 명령하셨다.

이때 주님은 "내 양을 먹이라"는 말씀을 두 번 하셨는데, 한번은 어린 양, 또 한번은 성장한 양에 대하여 말씀하셨다. 이는 양들의 성장에 맞는 합당한 먹이의 균형이 필요함을 말씀하신 것이다.

주님은 베드로에게 목사의 온전한 역할을 말씀하신 것이다. 다시 말하여 하나님의 아가페 사랑으로 주께서 맡기신 하나님의 어린 양들에게 구원의 복음을 가르쳐 영적인 삶을 보살피고, 진리의 말씀을 가르쳐 지도자가 되도록 양육하라는 명령이다.

이 명령은 우리 교회의 사명이고 책임이다. 그 이유는 우리가 진리와 생명되신 말씀을 알고 깨달을 때 그의 사랑을 알고 그의 사랑을 실천할 수 있기 때문이다. 그러므로 이제 우리는 영생에 들어가기 위해 유일하신 참 하나님과 그의 보내신 자 예수 그리스도를 아는 데 더욱 힘을 쓰도록 하여야 할 것이다.

[기도] 사랑하는 주님, 우리를 사랑하신 그 사랑의 진리를 우리로 깨닫게 하심을 감사드립니다. 오직 하나님의 사랑으로 우리가 날로 온전한 자녀로 성장하고, 우리를 통하여 하나님의 나라가 확장되어 감을 알았습니다. 부디 저희로 더욱 정진할 수 있는 믿음을 더하여 주시옵소서. 예수 그리스도의 이름으로 기도합니다! 아멘.

[핵심연구]
1. 아가페 사랑은 무엇인가?
2. 필레오 사랑은 무엇인가?
3. 어떻게 양들을 사랑해야 하는가?

내 양을 먹이라

(요한복음 21:17) 세번째 가라사대 요한의 아들 시몬아 네가 나를 사랑하느냐 하시니 주께서 세번째 네가 나를 사랑하느냐 하시므로 베드로가 근심하여 가로되 주여 모든 것을 아시오매 내가 주를 사랑하는 줄을 주께서 아시나이다 예수께서 가라사대 내 양을 먹이라

부활하신 예수께서 먼저 갈릴리 호수로 가셔서 고기잡이를 나가 밤새 허탕을 치고 빈손으로 돌아온 제자들에게 오른쪽에 그물을 던지라 하여 153마리의 물고기를 잡아 올리게 하셨다.

부활 후 제자들과 첫 대면이신 예수님은 갈릴리 해변에 미리 피워두신 숯불 위에 방금 잡아 올린 생선과 떡을 구워 조반을 먹이시고 별도로 베드로와 대면하셔서 "요한의 아들 시몬아 이들보다 나를 더 사랑하느냐"(15) 물으셨다. 이때 예수께서 언급하신 '이들'은 동료들일 수도 있고 어쩌면 물고기일 수도 있다.

베드로에게는 정신이 번쩍 드는 순간이 아니었을까 싶다. 눈앞에 놓인 숯불을 보는 순간 대제사장의 집에서 종들과 함께 숯불을 쬐며 주를 부인하던 생각이 떠올랐을 것이다. 더욱이 주께서 친히 지어주신 이름 베드로라고 부르시지 않고 육친의 아버지 '요한의 아들 시몬'이라 부르셨으니 말이다.

베드로에게는 "너의 이름은 과연 나의 교회를 세울 베드로(반석)이냐, 너는 아직도 육친의 아버지 요한의 아들 시므온으로 세상을 살아가는 자이더냐? 시므온 위에 내 교회를 지어도 좋겠느냐?" 들렸을지도 모른다.

더 흥미로운 것은 이때 주님은 베드로에게 '하나님의 사랑' 곧 '아가페'(AGAPE)를 거듭 사용하셨다. 주께서 생전에 누누이 가르치시던 하나님께 속한 사랑이다. 그러나 베드로는 세 번 연속 친구 사이에 행하는 '필레오'(PHILEO)로 답하였다.

주님은 베드로에게 위대하고 고귀한 하나님의 사랑으로 손을 내밀었는데도 베드로는 주님을 친구 관계로 끌어 내린 것이다. 그럼에도 예수님은 상냥하게 "내 어린 양을 먹이라"(15) 말씀하셨다.

여기서 우리는 "내 어린 양을 먹이라"하신 말씀에서 우리가 먹일 양들은 '우리의 양'이 아니고 'My Lambs'(내 어린 양), 곧 '주님의 어린 양'임을 기억해야 한다. 또한 '먹이라'에 해당하는 헬라어 '보스케'(BOSKE)는 '사료'(Feed)를 뜻한다. 따라서 주님은 내 양을 네 맘대로 이것저것 먹여서는 안 된다고 말씀하신 것이다.

오래 전, 교회 청년이 길에 버려진 슈나우저 강아지를 데리고 와서 아침저녁 나와 함께 생활하게 되었다. 그런데 문제는 강아지 온몸에 피부병이 심했다. 샴푸로 목욕을 시키고 약을 발라도 전혀 나을 기미가 보이지 않았다. 할 수 없이 수의사의 처방을 따라 비싼 유기농 사료를 사다 먹였더니 그때부터 알러지가 멈추었다. 결국 사료가 문제였던 것이다. 이처럼 하나님의 양들도 목자들이 무엇을 먹이느냐에 따라 문제가 생길 수 있다.

예수님은 두 번째 다시 베드로에게 "요한의 아들 시몬아 네가 나를 사랑(아가파오)하느냐?" 물으셨다. 이때에도 베드로는 "주여, 내가 주를 사랑(필레오)하는 줄 주께서 아십니다"(16) 대답하였다. 그때도 주님은 친절하게 "내 양을 치라"하셨다.

이때 주께서 말씀하신 헬라어 '치라'(Poimaine)는 '돌보다'는 뜻이다. 다시 말하여 주변 상황과 성장 과정을 잘 살피면서 세심하게 돌보라는 말씀이다. 또한 '양을 치라'는 말씀은 영적 생활에 대한 경계를 뜻한다. 다시 말하여 양들이 자라면서 자기 마음대로 살고자 하는 고집이 생기게 되기 때문이다. 양순하던 우리 아이들이 사춘기가 되면서 성격이 거칠어지는 것처럼 말이다.

주님은 세 번째 다시 "요한의 아들 시몬아 네가 나를 사랑(필레오)하느냐" 물으셨다. 이때 주님은 '아가페'를 사용치 않으시고 베드로가 답변했던 '필레오'로 물으셨다. 베드로에게는 "너는 나를 친구만큼은 사랑하는 거냐?"들렸을지도 모른다.

주께서 두 번이나 하나님의 가치 기준을 요구하셨는데 베드로는 계속 동료애로 답변하자 주님이 베드로의 눈높이로 내려 오신 것이다. 그러자 베드로는 입장이 더 난처해지고 근심스러워졌다. 어쩌면 그 순간 세 번이나 주를 부인하였던 일들이 떠올랐을지도 모른다. 이에 베드로가 근심하여 "주여 모든 것을 아시오니 내가 주를 사랑하는 줄을 주께서 아시나이다"(17) 대답했다.

주님은 그때에도 "내 양을 먹이라" 말씀하셨다. 그러나 여기서 주님은 '어린 양'(프로바티아)이 아닌 '성장한 양'(프로바타)이라는 단어를 사용하셨다. 주님은 베드로에게 나에게 친구의 사랑을 갖고 있다면 내 양들의 성장에 따른 영적 교육을 하라고 말씀하신 것이다.

바울은 고린도 교회를 향해서 "내가 너희를 젖으로 먹이고 밥으로 아니하였노니 이는 너희가 감당치 못하였음이거니와 지금도 못하리라"(고전3:2) 증거하였다. 또한 히브리서 기자는 "때가 오래므로 너희가 마땅히 선생이 될 터인데 너희가 다시 하나님의 말씀의 초보가 무엇인지 누구에게 가르침을 받아야 할 것이니 젖이나 먹고 단단한 식물을 못 먹을 자가 되었도다"(히5:12) 증거하였다.

오늘 이 메시지를 대하는 우리는 어떠한가? 예수 그리스도의 종이라고 말하는 우리는 주를 친구만큼이나 사랑하고 있는 것인가? 주님은 오늘 우리에게 말씀하신 것이다.

[기도] 주께서 나를 사랑하시고 주의 말씀으로 나를 먹이시고 기르셨으니 나로 주의 양들을 사랑하게 하소서. 예수님의 이름으로 기도드립니다. 아멘.

[핵심연구]
1. 예수께서 요구하신 사랑은 무엇인가?
2. "내 어린 양을 먹이라"하신 말씀을 무슨 뜻인가?
3. "내 양을 치라"하신 말씀은 무슨 뜻인가?

너는 나를 따르라

(요한복음 21:22) 예수께서 가라사대 내가 올 때까지 그를 머물게 하고자 할지라도 네게 무슨 상관이냐 너는 나를 따르라 하시더라

오늘 말씀은 요한복음의 종결구이다. 예수 그리스도의 제자 된 우리에게 주신 목회 철학이기도 하다.

예수님은 베드로에게 '네가 나를 사랑하면 내 양을 먹이고 치라'는 명령을 하신 후 "내가 진실로 네게 이르노니 젊어서는 네가 스스로 띠 띠고 원하는 곳으로 다녔거니와 늙어서는 네 팔을 벌리리니 남이 네게 띠 띠우고 원치 아니하는 곳으로 데려가리라"(18) 말씀하셨다.

흥미롭게도 요한은 이 말씀은 후일 베드로가 어떤 죽음으로 하나님께 영광을 돌릴 것을 말씀하신 것이라 주석하였다. 전승에 따르면 베드로는 후일 십자가에 거꾸로 팔을 벌리고 죽으며 '쿼바디스'라는 말을 남겼다고 한다.

이 말씀을 하신 후 주님은 베드로에게 "나를 따르라"하셨다. 이 말씀은 어쩌면 부자청년에게 네 모든 것을 팔아 가난한 사람들에게 주고 너는 나를 따르라 하신 말씀과 같은 맥락일지도 모른다. 이

미 주님은 제자들에게 "나를 따라 오려거든 자기를 부인하고 날마다 십자가를 지고 나를 좇으라"(눅9:23) 명령하셨다. 베드로도 상황이 다를 뿐이지 자기가 좋아하는 것을 버려야 할 것이 너무 많았을 것이다.

20절에는 매우 흥미로운 내용이 기록되어 있다. 주께서 베드로에게 "나를 따르라" 말씀하실 때에 베드로가 뒤를 돌아보니 주의 사랑하는 제자, 곧 만찬석에서 주의 품에 의지하여 "주여 주를 파는 자가 누구입니까?" 묻던 동료 요한이 뒤따라 오고 있었다.

그때 베드로가 예수께 "주여 이 사람은 어떻게 되겠습니끼?"(21) 물었다. 이 내용을 기록한 저자가 요한일진대 베드로의 말을 듣는 순간 얼마나 뻘쭘했을까 싶다.

주님은 베드로에서 "내가 올 때까지 그를 머물게 하고자 할지라도 네게 무슨 상관이냐 너는 나를 따르라"(23) 힐책하셨다. 다시 말하여 주님은 "다른 사람이 어떻게 되든 네가 무슨 상관이냐 헛된 생각말고 너는 나를 따르라" 책망하신 것이다. 이는 각 사람의 사명이 각각 다르다는 뜻이기도 하고 다른 사람의 일에 관여하지 말라는 경고이기도 하다.

그런데 흥미롭게도 이 말이 후일 형제들에 의하여 "그 제자는 죽지 아니하겠다" 와전된 것이다. 이 일이 있은지 불과 얼마 지나지 않아서 와전되었다는 것은 참으로 기이한 일이 아닐 수 없다. 이와 같이 사람들의 입으로 전해진 말은 끊임없이 와전된다. 한 사람을 건널 때마다 전혀 다른 뜻으로 전해지기 일수이다.

사실 본문의 말씀은 베드로와 예수님 단 둘이서 나눈 대화이다. 물론 뒤에 따라오던 요한이 슬쩍 들었을 수도 있다. 그런데 얼마 안 되어 제자들 사이에서 "주께서 그 제자는 죽지 아니하겠다 말씀하셨다" 와전된 것이다.

그러므로 요한은 이 소문을 정정하여 예수님의 말씀은 "그가 죽지 않을 것이다 하신 것이 아니라 내가 올 때까지 그를 머물게 할지라도 네게 무슨 상관이냐 하신 것이라"(23)는 주석을 달았다.

만약 요한이 이러한 사실들을 기록하지 않고 구전으로 전달되었다면 어쩌면 이 말은 "주께서 사랑하시던 제자 요한이 아직 살아 있어 서울 아무개 교회에서 설교하고 있다"고 와전되었을지도 모른다. 따라서 이 기록은 우리에게 너희가 사람의 말을 믿어야 할 것인가 성경의 기록을 믿어야 할 것인가에 대한 경고이다.

끝으로 사도 요한은 "이 일을 증거하고 이 일을 기록한 제자가 이 사람이라 우리는 그의 증거가 참인 줄 아노라"(22) 기록하며, 다시 "예수의 행하신 일이 이 외에도 많으니 만일 낱낱이 기록된다면 이 세상이라도 이 기록된 책을 두기에 부족할 줄 아노라"(24) 기록하였다.

어떤 사람들은 이 기록을 빙자하여 다른 거짓말들을 지어내고 있다. 그러나 요한은 예수께서 성경에 기록되지 않은 무수히 많은 일들을 행하셨지만 성경에 기록된 말씀으로 충분하다는 사실을 증거하여 "그의 증거가 참인줄 아노라"(24) 기록하였다.

그러므로 우리는 선지자들이 기록한 모든 성경의 말씀과 함께 사도들이 기록한 모든 증언들이 하나님의 진리의 말씀인 것을 믿고 지켜야 할 것이다.

[기도] 사랑하는 예수님, 우리에게 성경을 주셔서 감사드립니다. 주께서 사도들과의 대화 속에서 남기신 말씀들은 우리의 목회 지침입니다. 우리가 오직 성경의 진리만을 따르게 하소서. 예수님 이름으로 기도드립니다. 아멘.

[핵심연구]
1. "너는 나를 따르라"하신 말씀은 무슨 뜻인가?
2. 성경 66권만이 정경인 것을 믿어야 하는 이유는 무엇인가?
3. 당신은 지금 무엇을 믿으며 무엇을 가르치는가?

요한복음을 기록한 이유

(요한복음 21:24) 이 일을 증거하고 이 일을 기록한 제자가 이 사람이라 우리는 그의 증거가 참인 줄 아노라

사복음서 중에 불신자에게 제일 먼저 권하기 좋은 성경은 바로 요한복음이다. 그 이유는 저자 사도 요한이 분명하게 "예수께서 오직 이것을 기록함은 너희로 예수께서 하나님의 아들 그리스도이심을 믿게 하려 함이요 또 너희로 믿고 그 이름을 힘입어 생명을 얻게 하려 함이니라" 기록하였기 때문이다.

사도 요한은 예수 그리스도의 복음서를 쓰면서 마음속에 두 가지 목적이 있었다. 첫째는 살아계신 하나님의 아들 예수의 이름을 믿고 생명을 얻게 함이요, 또 다른 목적은 초대교회 안에 싹트기 시작한 예수 그리스도께서 하나님의 아들이심을 부정하는 그노시스 사상을 대응하기 위함이다.

로마시대까지 뿌리를 내려온 헬라의 '그노시스 사상'(Gnosticism)은 한마디로 '영은 거룩하고 물질은 악하다'는 개념이다. 그들은 하나님의 아들 예수에 대하여서도 영은 신성하지만, 그 역시 육체를 가진 인간이므로 절대로 거룩할 수 없다는 주장이다.

더 나아가 그들은 만약 예수께서 바다 위를 걸으신 것이 사실이라면 예수께서 모래사장을 걸었을 때 발자국도 남기지 않았을 것이므로 '예수는 유령이다'라는 신화를 만들어 내기도 하였다.

당시 헬라 철학자들은 세상의 모든 것은 어떤 형태를 이루기 전에 '생각'이 먼저 있었는데, 그것이 '로고스'라고 주장했다. 그러나 그들은 물체를 이루는 '로고스' 곧 '생각'의 존재를 증거하지 못하였다.

사도 요한은 영지주의 신앙체계가 교회 안에 들어오기 시작하자, 다른 사도들이 복음의 시작을 이스라엘의 역사를 토대로 한 것과는 달리 "태초에 말씀이 계시니라 이 말씀이 하나님과 함께 계셨으니 이 말씀은 곧 하나님이시니라" 증거하여 그들이 주장하던 '로고스'의 개념을 확증하였다.

오늘 우리는 물질만능의 시대를 살고 있다. 현대인들은 영적인 것보다 실제 삶을 위한 재물에 초점을 두고 있다. 또한 인간의 지혜와 지식은 최고점에 도달하여 우주 정복의 시대에 이르자, 사람의 지혜로 하늘을 오를 바벨탑을 쌓을 수 있다고 착각하고 있다. 그러나 사람은 신이 아닌 피조물이므로 시간과 공간을 초월할 수 없고 사망을 거스를 수도 없다.

요한복음은 하나님께서 이 땅에 보내신 아들 예수 그리스도를 믿는 우리에게 하늘에 이르는 지혜를 전하고 있다. 그것은 곧 "태초부터 살아계신 하나님의 말씀"이다.

우리는 이 증거가 진리인 것을 믿는다. 이 책을 읽는 모든 사람들에게 하나님의 사랑과 예수 그리스도의 은혜와 진리가 충만하시기를 기원한다.

예수 그리스도의 종   이요나 목사

갈보리채플 권장도서

마태복음 핵심강해
이요나 저

-목회자 설교 준비 워크북
-선교사 전도 핸드북
-일반성도 가정예배 성경공부 교재
강해설교의 명문 갈보리 채플은 사탄 문화권에 사로잡혀 고통받는 젊은이들에게 오직 신구약 성경 전체를 심도깊게 가르쳐 진리의 말씀 안에서 성령을 체험한 수천 명의 제자들이 전 세계에서 복음을 전하고 있다.

응답받는 기도생활
척 스미스 저

우리의 기도는 절대적 믿음의 신뢰 속에서 하나님의 능력이 방출되게 하는 것이다. 갈보리채플 부흥의 역사는 아주 작은 신념의 기도로부터 시작되었다. 이 책은 크리스천들이 왜 실패하는 가에 대한 해답과 어떻게 성공적인 삶을 살 수 있는가에 대한 기도생활의 비결을 깨닫게 한다.

영적전쟁의 실체
브라이언 브로더슨 저

인류 역사의 어두움이 절정에 가까워질수록 영적전쟁은 더욱 명백해 진다. 이 전쟁은 단지 철학적 감각의 선과 악의 전쟁이 아니라, 이 땅의 그리스도인들과 마귀와의 전쟁이다. [영적전쟁의 비밀]은 사탄 문화권의 젊은이들을 복음의 승리로 이끌어낸 갈보리채플 척 스미스 목사의 후계자 브라이언 목사가 제언하는 영적전쟁의 승리의 비결이다.

성경적 상담 권장도서

거기 누구 없소 나 아픈데 (동성애 상담사례)
이요나 목사 저

'동성애', 누구든지 이 사슬에 얽히면 스스로 그 멍에를 끊고 나올 장사가 없다. 이 육체의 족쇄는 자극의 원리를 상실한 채, 머리와 꼬리가 뒤엉켜버려 풀어질 수 없는 수억의 뱀 더미와도 같다. 또한, 이들은 브레이크 끊어진 고속열차 같아서 죄가 차기까지는 결코 세미한 음성을 듣지 못한다. 이 책은 당신을 예수 그리스도의 구원의 은혜로 인도할 것이다.

커밍아웃 어게인 (동성애 성경적 상담원리)
이요나 목사 저

한국 최초의 게이바 열애클럽을 운영하며, 43년간 동성애자의 애증의 삶을 살던 탈동성애인권운동 이요나 대표의 동성애 해법 교과서이다. 만약 당신의 아들, 형제, 친구가 동성애자인 것을 알았을 때 당신은 어떤 도움을 줄 수 있을 것인가? 또한 동성애는 죄라고 설교하는 당신은 동성애자 신자를 어떻게 구원할 것이며, 당신의 교회, 가정에까지 유혹해 오는 동성애의 손길을 어떻게 대처할 것인가?

성경적 상담 매거진 (전7권)
척 스미스, 이요나 목사 외

<성경적 상담 매거진>은 목양현장에서 발견된 인생의 역경과 유혹들을 어떻게 성경적 관점으로 대면하고, 또 어떻게 승리의 길로 인도할 수 있는지에 대한 성경적 원리를 제시하여, 모든 성도들이 성경적 상담의 역할을 할 수 있도록 준비시키데 있다. (구독문의 070-7565-3535)